＼30年以上の指導実績メソッドで導く！／

外国人留学生のための

就職活動テキスト 第2版

Handbook on job hunting
for International students 2nd Edition

アークアカデミー【著】

インプレス

はじめに

Preface 序言 Lời nói đầu

近年、外国人留学生の中には大学や大学院に進学するだけではなく、日本での就職を望む留学生も増えてきました。けれども、日本の就職活動がよく分からない、なかなか就職できないという声も聞こえてきます。

本書は、そういった日本で働きたいと考えている外国人のための、就活成功のための対策本です。ここに、アークアカデミーで実践してきたビジネス日本語クラスでの知見が詰まっています。本書の手法で学んだ学習者の多くが日本企業に就職を決めています。単に知識として読むだけでなく、アドバイス通りに実際に自己分析や履歴書などを書いてみると、就活に勝つテクニックを身につけることができます。なぜ面接でうまくいかないのか、などの説明も就活のプロがアドバイスしていますから、安心して取り組むことができます。

Among international students, besides those entering higher education, the number of those wanting to find employment in Japan has increased in the last few years. At the same time, however, it is also common to hear stories of students who are not familiar with the Japanese job-hunting process and cannot succeed in finding employment.
This textbook aims to become a reference for successful job-hunting for international students wishing to work in Japan. It contains all the expertise put into practice in the ARC Academy Business Japanese Class. Many of the students who studied following the method presented in this book are now working for Japanese firms. By using this book to not only acquire new information but also put into practice the tips on auto-analysis or resume composition, it is possible to master the techniques for an effective job-hunt. The advice contained in this book comes from professionals answering real questions like, "why my job interviews do not go well?". Use this textbook and face your job search with confidence!

近年，外国人留学生中不仅有想要升学的学生，而且想要在日本就业的学生的人数也有所增加。同时，我们也听到了不知道如何在日本找工作，为何总是取得不了内定的声音。

本书是针对于今后想要在日本就业的外国人如何成功找到理想工作而撰写的。本书中包含了アークアカデミー在商务日语班常年实践所积累下的丰富知识。很多学习者通过学习本书中的技巧，成功的进入了日本的企业工作。在学习过程中需要读者不仅仅是作为知识阅读，而是在书写自我分析，简历的时候灵活运用，才能真正掌握求职的技巧。对于面试不顺利的原因，书中也会有专业人士给予建议，在求职过程中大家可以充满信心。

Những năm gần đây, trong số các du học sinh người nước ngoài, không chỉ số lượng du học sinh học lên đại học, cao học; số lượng du học sinh có nguyện vọng tìm kiếm việc làm tại Nhật Bản cũng ngày một tăng. Tuy nhiên, cũng có không ít tiếng nói từ các bạn du học sinh về việc chưa hiểu được hoạt động tìm kiếm việc làm tại Nhật Bản, không thể tìm được việc làm tại Nhật Bản.
Đây là cuốn sách chiến lược giúp các bạn du học sinh có mong muốn làm việc tại Nhật Bản có thể thành công trong việc tìm kiếm việc làm. Cuốn sách chứa đựng các kiến thức xuất phát từ thực tế trong lớp học tiếng Nhật thương mại tại trường ARC Academy. Đã có rất nhiều bạn học sinh đã tìm việc thành công nhờ các phương pháp có trong đây. Không chỉ đơn giản là tiếp thu kiến thức qua việc đọc sách; thông qua các lời khuyên và việc thử phân tích bản thân, chuẩn bị sơ yếu lí lịch trong thực tế, người đọc có thể nắm được các kỹ thuật cần thiết để thành công khi xin việc. Trong sách bao gồm các lời khuyên, giải thích từ chuyên gia trong lĩnh vực tìm kiếm việc làm về lí do khiến cho việc phỏng vấn không diễn ra suôn sẻ. Vì vậy, người đọc có thể hoàn toàn yên tâm và tiếp tục nỗ lực.

自律学習のすすめ

Tips on autonomous learning　自主学习的建议 Lời khuyên về việc tự học

あなたは何か月間で内定を勝ち取りたいですか。まず、自分で内定までの期間を計算して、いつまでにどの程度準備すればいいかを考えてみましょう。これが、自律学習の第一歩です。次に、目次に学習の内容がありますので、目次を見ておおまかな学習期間と学習内容を決めます。実際の学習では、各課の最初に目標を示してありますので、目標を意識しながら学習を進めましょう。学習は文字を追うだけでなく、実際に考えてみたり書いてみたりする自主的な活動が大切です。各課の最後には目標達成チェックがありますので、達成度を確認し、学びの振り返りをしましょう。

本書を活用して日本のビジネス文化を知り、働いてみたい企業を攻略して、内定を勝ち取ってください。

In how many months do you want to get an official employment offer? First of all, think about the deadline you need to obtain an employment offer by, and then consider when and what passages you need to go through to get there. This is the first step to autonomous learning. Next, as the index of this book shows each learning topic, set a tentative study plan. Proceed by keeping in mind the learning target of every chapter when you actually start your study plan. When studying, reading the textbook is important, but independent practical tasks like thinking and writing on your own are essential. Lastly, as you have achievement checks at the end of every chapter, use them to assess your progress and go over what you learned.

Through the use of this book, we hope you can come to understand Japanese corporate culture, win over the firm you want to work for and get your employment offer.

你希望在几个月内取得内定呢？首先，计算一下取得内定的期间，思考什么时期应该做哪些准备。这个是自主学习的第一步。然后，目录中有学习内容，对照目录的内容，制定学习期间和学习内容的计划。在实际的学习中，每一课的最开始都有写目标，希望大家能够记住目标，下意识的学习。不仅只学习书面的知识，还要实际思考，落实到笔头上的自主学习很重要。每一课的最后都会有目标达成的检测，自己检测学习成果，反思学习情况。

请积极利用此书，了解日本的商业文化，积极地分析企业，获得内定。

Bạn dự định sẽ nhận được quyết định tuyển dụng sau mấy tháng? Đầu tiên, hãy suy nghĩ bản thân sẽ cần chuẩn bị tới mức độ nào, tới thời gian nào và tự mình tính toán xem sẽ mất bao lâu để nhận được quyết định tuyển dụng. Đó chính là bước đầu tiên trong quá trình tự học. Tiếp theo, các mục trong nội dung học đã có sẵn. Vì vậy, hãy khái quát và quyết định các nội dụng cần học, thời gian học. Phần đầu của mỗi bài đều nêu rõ mục tiêu của từng bài. Do đó, hãy ý thức về mục tiêu này trong suốt quá trình học. Trên thực tế, việc học không chỉ là đuổi theo từng con chữ; việc thử viết, thử tư duy, hoạt động chủ động là rất quan trọng. Cuối mỗi bài đều có phần kiểm tra lại các mục tiêu đã đạt được. Hãy xác nhận lại mức độ hiểu bài và nhìn lại cả quá trình học.

Hãy sử dụng cuốn sách này để hiểu về văn hóa kinh doanh Nhật bản, nắm bắt được tình hình doanh nghiệp bản thân muốn làm việc và giành lấy quyết định tuyển dụng.

●本書の構成

本書は５章構成で、内定をもらうまでにどんな活動が必要か、項目ごとに就職活動に沿った時系列で学べるようになっています。また、そのうちの第３章では敬語を重点的に解説しています。ビジネスに敬語は必須の項目です。正しい敬語を使うことができれば、内定をつかむ可能性は高くなります。

これから就職活動を始める方は、第１章から順に学習することをおすすめします。すでに就職活動を始めている方は、必要なところから学習することも可能です。

本書は日本語レベル中級の学習者を対象にしています。留学生がわかりやすい表現を用いているので、JLPT N2程度の実力があれば、問題なくチャレンジできるでしょう。標準的な学習期間は約３か月です。目次の項目で学習が終わったら□に✓をして、自律学習を進めましょう。

最後のページには索引を掲載しているので、専門用語の確認に役立ててください。

※DL▶マークがついているものは、自分で書くための練習用シートがダウンロードできます。

※本書に掲載している情報は2024年4月時点のものです。

●登場人物紹介

田中あつこ先生（45歳）

国籍：日本

大手メーカーに10年勤務し、退職後、日本語教師になる。日本語教師歴10年。

シュウ・ライ（27歳）

国籍：中国

日本語レベル：N1

中国の文系大学卒、日本語専攻。日系企業に４年勤務した。

サラ・ロッシ（26歳）

国籍：イタリア

日本語レベル：N1

イタリアの文系大学卒、コミュニケーション専攻。職歴はなし。現地企業でインターン経験あり。

ブディ・ウィドド（23歳）

国籍：インドネシア

日本語レベル：N2

インドネシアの理系大学卒、IT専攻。職歴はなし。

グエン・ティ・トゥイ（25歳）

国籍：ベトナム

日本語レベル：N2

ベトナムの文系大学卒、経済専攻。日系の現地工場に1年勤務した。

●各課の学習の流れ

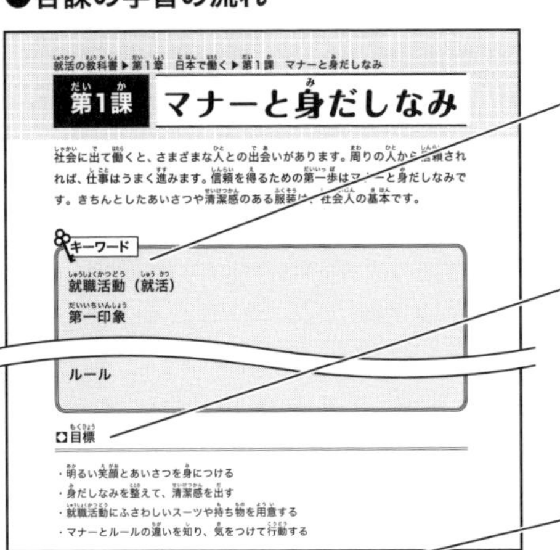
就活の教科書▶第1章 日本で働く▶第1課 マナーと身だしなみ

第1課 マナーと身だしなみ

社会に出て働くと、さまざまな人との出会いがあります。周りの人から信頼されれば、仕事はうまく進みます。信頼を得るための第一歩はマナーと身だしなみです。きちんとしたあいさつや清潔感のある服装は、社会人の基本です。

キーワード

就職活動（就活）

第一印象

ルール

目標

・明るい笑顔とあいさつを身につける
・身だしなみを整えて、清潔感を出す
・就職活動にふさわしいスーツや持ち物を用意する
・マナーとルールの違いを知り、気をつけて行動する

①キーワード

その課の内容理解に必要な言葉です。知らない言葉は調べましょう。

②目標

その課の目標を確認しましょう。

キーワードと目標で、その課で何を学ぶのかがすぐわかります。

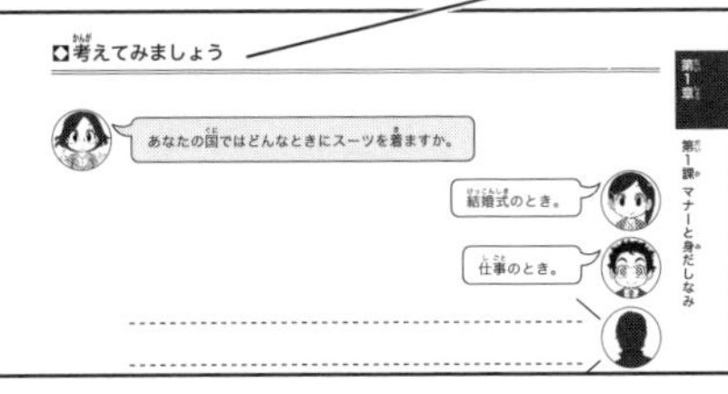
考えてみましょう
あなたの国ではどんなときにスーツを着ますか。
結婚式のとき。
仕事のとき。
第1章
第1課 マナーと身だしなみ

③考えてみましょう

田中先生の質問に、あなたなら何と答えるか、考えてみましょう。

学習のイメージを自身で膨らませることができるようにしました。自分の頭の中にあるイメージを、言葉にして整理していきましょう。

④ ①〜③を頭におきながら、内容を読み進めていきましょう。

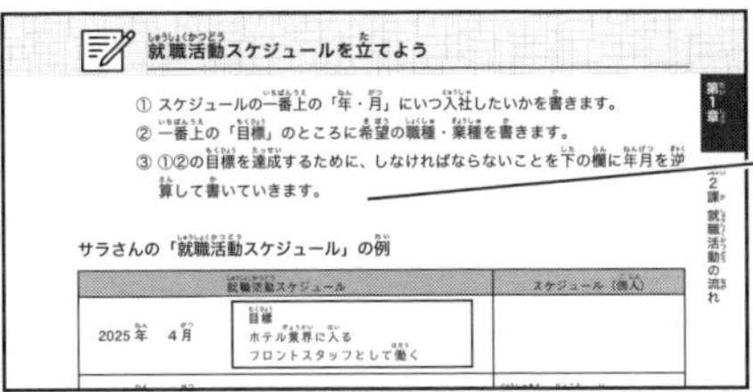
就職活動スケジュールを立てよう

① スケジュールの一番上の「年・月」にいつ入社したいかを書きます。
② 一番上の「目標」のところに希望の職種・業種を書きます。
③ ①②の目標を達成するために、しなければならないことを下の欄に年月を逆算して書いていきます。

サラさんの「就職活動スケジュール」の例

就職活動スケジュール		スケジュール（個人）
2025年 4月	目標 ホテル業界に入る フロントスタッフとして働く	

第1章 第2課 就職活動の流れ

⑤ワーク

例を参考に、自分自身のことを書いてみましょう。

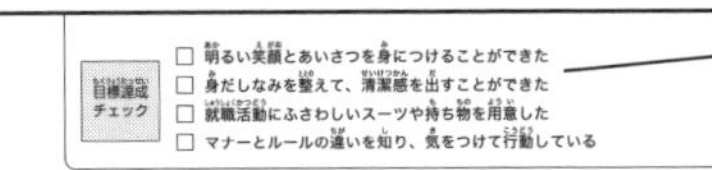
目標達成チェック

- □ 明るい笑顔とあいさつを身につけることができた
- □ 身だしなみを整えて、清潔感を出すことができた
- □ 就職活動にふさわしいスーツや持ち物を用意した
- □ マナーとルールの違いを知り、気をつけて行動している

⑥目標達成チェック

その課の目標を達成したか、振り返りましょう

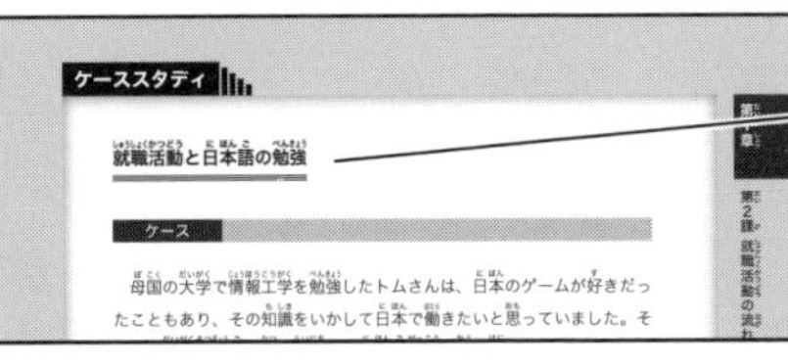
ケーススタディ

就職活動と日本語の勉強

ケース

母国の大学で情報工学を勉強したトムさんは、日本のゲームが好きだったこともあり、その知識をいかして日本で働きたいと思っていました。そ

第1章 第2課 就職活動の流れ

⑦ケーススタディ

外国人留学生の就職活動の例を紹介しています。自分の経験と重ねて、成功するための作戦を考えましょう。

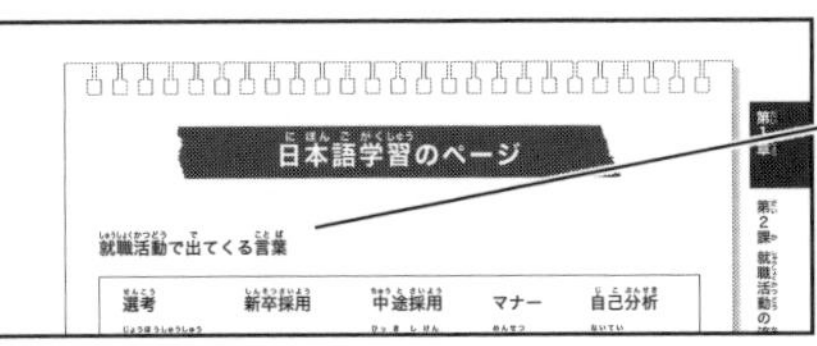
日本語学習のページ

就職活動で出てくる言葉

選考　新卒採用　中途採用　マナー　自己分析

第1章 第2課 就職活動の流れ

⑧日本語学習のページ

就職活動に必要な語彙や表現の説明、練習問題があります。語彙や表現を整理して、身につけましょう。模範解答は187〜188ページにあります。

目次

第5章 面接・内定

第1章

日本で働く

第1課　マナーと身だしなみ

社会に出て働くと、さまざまな人との出会いがあります。周りの人から信頼されれば、仕事はうまく進みます。信頼を得るための第一歩はマナーと身だしなみです。きちんとしたあいさつや清潔感のある服装は、社会人の基本です。

キーワード

就職活動（就活）

第一印象

きちんとしたあいさつ

就活にふさわしい服装

身だしなみ

清潔感

マナー

ルール

◇目標

・明るい笑顔とあいさつを身につける
・身だしなみを整えて、清潔感を出す
・就職活動にふさわしいスーツや持ち物を用意する
・マナーとルールの違いを知り、気をつけて行動する

◆考えてみましょう

あなたの国ではどんなときにスーツを着ますか。

結婚式のとき。

仕事のとき。

あなた

就職の面接のとき、どんなファッションで行きますか。

おしゃれな服。

スーツ……？

あなた

誰かと10時に約束をしたら、あなたは何時に到着しますか。

友達との約束だったら、ちょっと遅れるかも…。

仕事の約束なら、10時かな。

あなた

1 よい第一印象はあいさつから

初対面の人から明るい笑顔で「初めまして」とあいさつをされたら、明るい気持ちになるでしょう。もし無表情で暗い声だったら、どうですか。第一印象が悪くなり、その後に話をしたいと思わないかもしれません。就職活動では、初対面の人と会う機会が多くあります。特に、面接や説明会では相手にもう一度会いたいと思ってもらうことが大切です。「声」「表情」「姿勢」「おじぎ」に気をつけて、あいさつすることがポイントです。

■あいさつの練習

①声

はっきりと、大きい声で、自分の名前を言いましょう。日本人にとって、外国人の名前は聞き取りにくいことが多いです。日本人があなたの名前を聞いたとき、日本語の文字が浮かぶような発音をしましょう。自分の声を録音して聞き直すと、客観的に判断することができます。

②表情

鏡で自分の顔を見ながら、口角（口の両端）を少し上げて、自分の名前を言います。言い終わった後も、口角を上げたまま、自然な笑顔をキープしましょう。

③基本の姿勢

全身がうつる鏡を見ながら、軽くあごを引き、背筋を伸ばして立ちます。このとき、足のかかとはつけます。足のつま先は、男性は60度くらい、女性は30度くらい離します。手は、指先までまっすぐ伸ばします。男性は手を体の横につけ、女性は手を体の前に置きます。これが基本の姿勢です。

④おじぎ

おじぎをするときは、まず基本の姿勢で立ちます。それからゆっくりと上体を腰から折ります。そのとき、頭と背中は一直線になるようにします。その姿勢のまま1秒止めてから、ゆっくり上体を起こして基本の姿勢に戻ります。

おじぎの角度は15度、30度、45度で、場面によって使い分けます。面接の入室時は「失礼します」と言ってから、15度のおじぎをします。自己紹介のあいさつ時は、「よろしくお願いします」と言ってから、30度のおじぎをします。面接が終わった後は、「ありがとうございました」と言ってから、45度のおじぎをしてお礼の気持ちを表します。おじぎの練習は、全身がうつる鏡の前で行いましょう。周りの人に録画してもらうのもいいでしょう。

失礼します。
15度
よろしく
お願いします。
30度
ありがとう
ございました。
45度

2 TPOに合った服装をしよう

日本では、就職活動のときにスーツを着ます。就職活動のとき、必ずスーツを着るというルールはありません。もしスーツを着なかったら、あなたはどんな服装で面接を受けに行きますか。日本の一般企業の面接では、面接官は「面接を受ける人はスーツを着るものだ」と思っています。そのような場面では、スーツを着るのがふさわしいと言えます。これがTPO*に合った服装です。

就職活動で着るスーツは、結婚式で着るスーツとは違います。日本で就職活動をするときに着るスーツは「リクルートスーツ」と呼ばれ、スーツ販売店やデパートで売られています。就職活動を始める人は、リクルートスーツを用意しましょう。

「全員同じようなスーツを着ていたら、自分の個性がアピールできない」と思う人もいるでしょう。あなたがアパレル業界を志望しているなら、そう思うのは当然です。リクルートスーツを着て、おしゃれなアパレル企業の面接へ行ったら、面接官に「うちの企業には合わない」と思われるかもしれません。つまり、企業はあなたの服装を通して、自社の社風に合っているかどうかを見ているのです。

ですから、「就職活動＝スーツ」ではありません。TPOを考えて、自分の就職活動に合った服装を選びましょう。

*TPO：Time（時間）、Place（場所）、Occasion（場合）の頭文字をとった和製英語

3 清潔感のある身だしなみ

身だしなみとは、服装や外見のマナーのことです。少し汗臭いシャツに、シワだらけのスーツを着て、汚れた靴をはいた人を想像してみてください。あなたはこの人と一緒に仕事がしたいと思いますか。人を外見で判断するのはよくないことです。しかし、ビジネスの場面では、外見もあなたの能力の1つです。身だしなみを整えて、清潔感を出すだけで、周りの人はあなたを信頼するようになるのです（もちろん、その後本当に信頼されるかどうかは、別の問題です）。

■男性

□髪型…顔がきちんと見える短い髪型がいい。フケにも気をつけること。

□ひげ…業種や職種によって異なるが、就職活動では毎日ひげを剃って、生やさないほうがいい。剃り残しにも注意。ただし、宗教などの理由でひげを生やしている人は、同じ国の先輩に相談を。

□爪…すべて短く切ること。

□スーツ…光沢のない、無地のスーツがいい。色は黒、紺、濃いグレー。着用後はハンガーにかけて、風通しのいい室内に干しておく。

□シャツ…白の無地を選ぶ。ボタンは一番上まで留めること。着用後はすぐに洗濯をし、アイロンをかけてシミやシワがない状態にしておくこと。

□ネクタイ…派手すぎない色と柄を選ぶ。白、黒は避ける。光沢がありすぎるものもよくない。ネクタイをしめたとき、ベルトにかかるくらいの長さがいい。

□ベルト…色は黒、素材は革か合皮を選ぶこと。布素材やバックルが大きすぎるものはカジュアルに見えるので避ける。

□靴下…黒、紺、グレーを選ぶといい。白い靴下やスポーツ用の靴下、スニーカー用の短すぎる靴下は避ける。

□靴…色は黒、素材は革か合皮を選ぶ。デザインはシンプルなもの。靴を履いた後は、きれいに磨いておくこと。

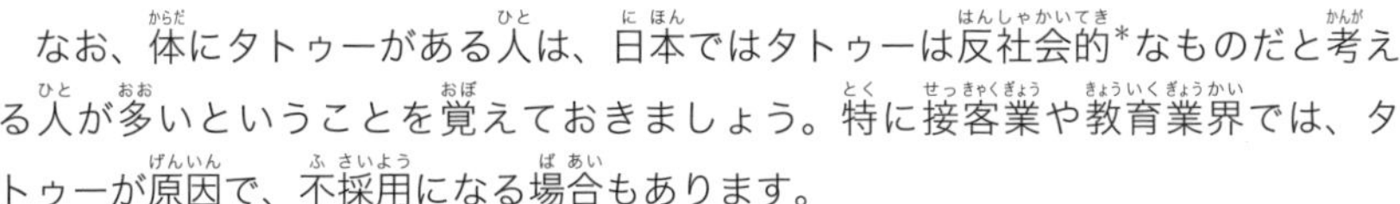

なお、体にタトゥーがある人は、日本ではタトゥーは反社会的*なものだと考える人が多いということを覚えておきましょう。特に接客業や教育業界では、タトゥーが原因で、不採用になる場合もあります。

*反社会的：日本社会の常識や習慣に反する様子

■女性

□髪型…おじぎをしたときに、髪で顔が隠れないような髪型にすること。

□化粧…顔色をよくするものだと考えて、派手な化粧はしない。口紅やアイメイクはナチュラルな色を選ぶ。

□爪…短く切って、清潔感のある指先にする。ネイルをするなら、透明かベージュ。

□スーツ…色は黒、紺、濃いグレーで、シンプルな形を選ぶ。ボトムスは、スカートでもパンツでもいいが、必ずジャケットと同じ素材・色を選ぶこと。スカートの場合、座ったときに太ももが見えてしまうものは避ける。

□シャツ…フリルなどの装飾のない、無地の白いシャツを選ぶ。着用後は洗濯をし、アイロンをかけて、シミ、シワがない状態にすること。

□ストッキング…夏でもストッキングをはくこと。自分の肌に近い色のストッキングを選ぶ。

□靴…装飾がない黒のパンプスがいい。つま先が丸いタイプのデザインを選ぶこと。素材は革か合皮。ヒールは3〜5cm以内で太めの安定したもの。

◆持ち物とアクセサリー（男女共通）

□めがね…シンプルな形と色のものを選ぶ。

□かばん…A4サイズの資料を折らずに入れることができる大きさのものを選ぶ。できれば、かばんを床に置いたときに倒れないもの。色は黒、素材は革、合皮、ナイロンなど。ブランドのロゴが目立つバッグやリュックは避ける。

□アクセサリー・時計…ピアスや指輪などは外し、時計以外は何もつけないこと。時間の確認は、携帯電話ではなく時計でする。時計はカジュアルすぎないものを選ぶ。

4 「ルール」と「マナー」

「ルールを守ること」と「マナーを身につけること」は、社会人の基本です。どちらか1つでは足りません。まずは2つの違いを知りましょう。そして、ルールとマナーに気をつけて行動しましょう。

■ルールを守る

法律で決められたことだけがルールではありません。ビジネスの場面では、個人の約束もルールになります。たとえば、企業の人から「10時に面接に来てください」と言われて、あなたが「はい、わかりました」と答えたら、「10時」はルールになります。1分遅れてもいけません。書類の提出締め切り日や面接の時間は必ず守りましょう。時間の感覚は国や文化によって違うので、「日本人は厳しすぎる、1分くらい遅れても大丈夫」と思う人もいるかもしれません。しかし日本では、「時間を守れない人は、きっと仕事をするときも責任感がないのだろう」と考えます。ビジネスはチームプレイです。約束を守らない人がいると、ビジネスは成立しません。もし何かの事情によって、ルールが守れないときは、できるだけ事前に理由を説明して、あやまりましょう。

■マナーを身につける

マナーというのは相手の気持ちを考えて行動することです。たとえば「月曜中に書類を送ってください」と言われたら、あなたは何曜日の何時までに書類を送りますか。ルールだけを考えるなら、正解は「月曜の23時59分まで」です。しかし、相手の気持ちを考えるなら、それは正解ではありません。相手が会社に勤めている場合は、月曜の営業時間内に送るのがマナーです。さらに言えば、書類にミスがあった場合を考えて、折り返し連絡がもらえる時間に送るのがいいでしょう。また、メールや郵送で書類を送るときは、書類だけ送るのではなく、「○○の書類をお送りします」と一言書いて送ることもマナーです。

まとめ **就職活動では、企業の人によい印象を残すことが大切です。きちんとしたあいさつを身につけること、身だしなみを整えること、ルールを守ることは、すべて相手に対するマナーです。相手のことを考えて、行動しましょう。**

目標達成チェック

- ☐ 明るい笑顔とあいさつを身につけることができた
- ☐ 身だしなみを整えて、清潔感を出すことができた
- ☐ 就職活動にふさわしいスーツや持ち物を用意できた
- ☐ マナーとルールの違いを知り、気をつけて行動できる

第2課　就職活動の流れ

日本の企業で働くには、「就職活動」をする必要があります。日本企業が外国人留学生を採用する場合、多くの企業は日本人大学生と同じ流れで選考を行います。就職活動の用語を覚え、入社までの流れを知っておきましょう。

キーワード

情報収集
応募
選考
採用
雇用
内定
在留資格
入社
業界研究
企業研究
自己分析
新卒一括採用
中途採用

◆目標

・日本の就職活動の流れを知る
・日本企業の採用方式を知る
・自分の就職活動スケジュールを立てる

◆考えてみましょう

大学3年夏
大学4年春
夏
大学卒業
インターン、情報収集、応募
企業分析、自己分析
選考
内定
入社
上の図は、日本人大学生の就職活動の流れです。あなたの国で大学生が就職する場合と違いがありますか。
私の国では、こんなに時間がかからないなあ。
私の国では、大学を卒業してから仕事を探します。
あなた
日本企業が外国人を採用するとき、重視することは何だと思いますか。
日本語が上手に話せるかどうか？
専門知識があるかどうか？
あなた

1 就職活動の第一歩

今、日本で働きたいと思う外国人が増えています。多くの人材の中から選ばれるためには、どうすればいいのでしょうか。まずは、企業のニーズを知り、自分を磨きましょう。

■日本語でのコミュニケーション力を磨く

企業や職種によって、外国人に求める日本語力は違います。通訳や翻訳の仕事なら高いレベルの日本語力が必要です。就職活動や実際の業務では、必要な情報を読み取り、相手の話を聞き取る力、自分の気持ちや熱意を伝える力が大切です。一方的に話しつづけるのではなく、常にコミュニケーションを意識しましょう。

■自己分析をする

自分はどんな人なのか、何がしたいのか、なぜ日本で働きたいのか、志望企業で何ができるのかを客観的に考えて、企業に説明できるようになりましょう。(→114ページ)

■日本を知る

日本企業の一員になるということは、日本社会の一員になるということです。日本の地理（都道府県の位置や特徴）や基本的な歴史、伝統行事は勉強しておきましょう。また、日ごろから新聞を読んだり、ニュースを聞いたりして、今話題になっている政治や経済、災害について知っておくことも大切です。

■自国について考える

日本企業が外国人を雇用する理由は何でしょうか。外国人のあなたが持っているスキルが必要だからです。スキルというのは、理系の専門技術や翻訳・通訳の技術だけではありません。あなたが外国人であること自体がスキルになります。日本人はあなたを通して、あなたの国を知りたいと思っています。自分の国の状況や文化、国民性について客観的に考えて、日本語で説明できる力を身につけましょう。

■業界研究・企業研究をする

自分が志望する企業や業界について、知識を深めましょう。企業のホームページを見たり、新聞の経済欄を読んだりして、企業や業界の動向を観察してください。サービス業や製造業を志望している場合は、実際にお店に行ってサービスを体験してみたり、製品を使ってみたりしてください。どうしてその企業や業界に魅力を感じるのか、説明できるようになりましょう。(→52ページ)

■就職活動用のメールアドレスを作る

就職活動では、メールで情報のやり取りをすることが多いです。就職活動用に、日本で一般的に使われているメールアドレスを1つ作りましょう。外国で発行されたメールアドレスで、日本語のメールを送受信すると、文字化けしたり迷惑メールとして扱われたりする可能性があります。(→95ページ) また、メールは毎日チェックしましょう。

2 就職活動から入社までの流れ

ここでは、一般的な就職活動の流れを紹介します。選考スケジュールは、企業によって変わります。企業のホームページや就職情報サイトを確認して、最新情報を集めてください。

就職活動準備（情報収集／業界研究・企業研究／自己分析など）

1つひとつ完璧を求めて、順番に準備すると時間がかかります。日ごろから少しずつ進めていくことが大切です！

↓

気になった企業にプレエントリーする

プレエントリーとは、大手企業で行われている選考の第一段階です。プレエントリーをするには、企業ウェブサイトの「採用情報」のページや、就職情報サイト（→36ページ）の企業紹介ページから「プレエントリー」を探し、個人情報を入力します。プレエントリーをすると、採用情報や会社説明会の情報が届き、エントリーシートの提出ができるようになります。

就職情報サイトを見て気になる企業があったら、積極的にプレエントリーをしましょう。

↓

会社説明会に参加

人材募集のための説明会です。企業が独自に開催する説明会と、人材紹介会社が多数の企業を集めて開催する説明会があります。後者はジョブフェア、合同説明会ともいいます。企業によっては、会社説明会を一次選考と位置付け、参加を必須にしている場合もあります。

外国人向けのジョブフェアも多く行われています。積極的に参加しましょう。

エントリー・応募（書類提出）

企業の採用試験に応募することをエントリーといいます。エントリーするときに提出するのは、一般的に履歴書、エントリーシート、職務経歴書（職歴がある人のみ）の3種類です。提出方法は、インターネットや郵送など企業によって異なります。大手企業では、まずエントリーシートを送り、面接に進んだときに履歴書を提出することがあります。

① **履歴書**…主に学歴や職歴、資格について書く。一目見ただけでわかるように簡潔に書く。

② **エントリーシート（ES）**…これまでの経験や志望動機などを具体的に書く。応募者がどんな人物なのか、企業の人がわかるように書く。

③ **職務経歴書**…職歴がある人のみ提出。履歴書の職歴には、企業名と勤務年数しか書かないが、職務経歴書には、実際に行っていた業務内容や企業の規模なども具体的に書く。

履歴書やエントリーシートは応募する企業に合わせて書きましょう。

筆記試験／適性検査など

就職試験で出題される筆記試験は、主に次の3種類。筆記試験に合格しなければ、面接に進めない場合も多いです。合格するためには、日ごろからニュースや新聞を読んだり、文章を書いたりする練習をすることが大切です。

① **適性検査（能力適性検査・性格適性検査）**…代表的なものはリクルート社が開発したSPI。パソコンを使用して実施することもある。

② **一般常識問題**…日本語、英語、数学、理科、時事問題などが問われることがある。
③ **小論文**…業界や企業によってテーマは違う。

書店の就職コーナーに行くと、SPIなどの試験対策の本がたくさん売られています。筆記試験のために、よく勉強しておきましょう。

面接

面接の回数は企業によって違います。一般的には1～3回程度です。最終面接は役員（社長など）によって行われることが多いです。オンラインの場合もあります。

内定・契約

内定とは、企業から「あなたを採用します」と連絡をもらうことです。多くの場合、電話またはメールで採用決定の連絡がきます。その後、「内定通知書」という正式なお知らせと、待遇や勤務地など労働条件が書いてある案内が届きます。まず、労働条件をよく確認してから、内定を受けるかどうかを決めます。そして、内定を受ける場合は、「内定承諾書」（「内定誓約書」ともいう）を提出します。その後、「雇用契約書」に署名をして、契約します。印鑑が必要な場合もあるので、確認しましょう。

在留資格変更

外国人留学生が日本で働くには、各地域の出入国在留管理局（以下、「入管」という）で在留資格（ビザ）を変更する必要があります。入管に提出する書類は、企業側が用意するものと、あなたが用意するものがあります。企業によって違うので、まずは内定先の企業の人事部に相談しましょう。提出書類は、入管のウェブサイトでも確認することができます。必要な書類がそろったら、自分で入管に行き、変更の申請をします。マイナンバーカードを持っていれば、オンラインでの個人申請もできます。または、企業が行政書士に依頼することもあります。入管に申請を出してから在留資格変更の許可が出るまで、通常は約1か月、遅い場合は2～3か月かかることもあります。早めに内定をもらうという目標を立てて、就職活動を行うことが大切です。

入社

3 日本企業のビジネス文化

日本には、古くから「終身雇用」と「年功序列」という考え方がありました。「終身雇用」とは、雇用されたら定年になるまで、1つの会社に勤務し続けるというものです。また、「年功序列」とは働いた年数や年齢に応じて給料や役職が上がる人事制度のことです。日本企業では、1980年代ごろまで「終身雇用」と「年功序列」が一般的でした。これらの制度によって、社員は安定的に働くことができ、企業は生産性を保ち、利益を生むことができたのです。

しかし、1990年代のバブル崩壊とともに、この雇用形態は崩れました。不景気で経営が厳しくなった企業は、社員をリストラしたり、契約社員を雇用したりし始めました。

現在、社員に対して「終身雇用」と「年功序列」を保障している企業は少なくなっています。しかし、日本企業で働く多くの人には、これらの考え方が残っています。特に正社員を募集する企業は、10年、20年、または定年まで働いてくれる人を望んでいます。会社をすぐに辞めてしまう人を雇いたくはありません。社員に長く働いてもらうために、自社の社風に合う人、自社を理解している人を探すのです。日本企業が選考に時間をかける理由は、ここにあります。

なるほど。それで日本の就活は
時間がかかるのか。

4 就労関係の在留資格

外国人が日本で働くには、「就労」ができる在留資格が必要です（いわゆる「就労ビザ」。正式名称ではありませんが、一般的によく使われています）。

2024年4月現在、日本の法務大臣が付与している就労関係の主な在留資格は以下のとおりです。

・「教授」（例　大学教授など）
・「芸術」（例　作曲家、画家、著述家など）
・「宗教」（例　外国の宗教団体から派遣される宣教師など）
・「報道」（例　外国の報道機関の記者、カメラマン）
・「高度専門職」（例　高度専門人材）

・「経営・管理」（例　企業などの経営者、管理者）
・「法律・会計業務」（例　弁護士、公認会計士など）
・「医療」（例　医師、歯科医師、看護師など）
・「研究」（例　政府関係機関や私企業などの研究者など）
・「教育」（例　中学校、高等学校などの語学教師など）
・「技術・人文知識・国際業務」（例　機械工学などの技術者、通訳、デザイナー、私企業の語学教師など）
・「企業内転勤」（例　外国の事業所からの転勤者）
・「介護」（例　介護福祉士）
・「興行」（例　俳優、歌手、ダンサー、プロスポーツ選手など）
・「技能」（例　外国料理の調理師、スポーツ指導者、航空機などの操縦者、貴金属などの加工職人など）
・「技能実習」（例　技能実習生）
・「特定技能」（人材が不足する産業上の分野に属する知識または経験、技能を要する業務に従事する外国人）
・「高度専門職」（研究、技術、経営管理に従事する高度人材）

外国人留学生が資格変更する場合、最も一般的なのは、「技術・人文知識・国際業務」の在留資格です。この在留資格は、自然科学または人文科学の分野に属する技術や知識、または外国文化をもとにした考え方などが必要な仕事の場合に取ることができます。在留期間は、仕事をする企業の規模や安定性、就労予定期間によって入管が決めます。「技術・人文知識・国際業務」の在留期間は、5年、3年、1年、3か月があります。

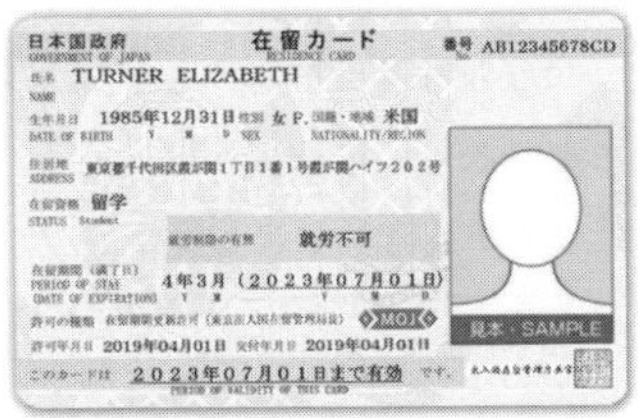

出典：出入国在留管理庁ホームページ
(https://www.moj.go.jp/isa/applications/procedures/whatzairyu_00001.html)

5　採用方式

日本企業は主に「新卒一括採用」と「中途採用」の２つの方式で採用を行っています。

(1) 新卒一括採用

日本の就職活動の大きな特徴は「新卒一括採用」です。新卒一括採用とは、３月に大学・大学院などを卒業する予定の学生（新卒者）が企業から早めに内定をもらい、翌４月から入社することをいいます。選考時期は、入社前年度の春から夏にかけて行われるのが一般的で、「春夏採用」ともいいます。ただし、近年は海外の大学を卒業した学生を採用するために、秋に選考を行う「秋採用」や時期を問わず選考を行う「通年採用」の企業も増えています。

企業が新卒採用で求める人材は、仕事経験が豊富な人ではなく、将来その企業で活躍する可能性を持っている人です。新卒採用といっても、新卒者だけが対象ではなく、既卒*や第二新卒*の人も募集する場合が多いです。既卒、第二新卒の場合、内定後、すぐに入社することもあります。

*既卒　　：1、2年前に大学・大学院などを卒業し、就労経験のない人
*第二新卒：新卒採用で就職したが、1、2年で会社を辞めた人

(2) 中途採用（キャリア採用）

主に３年以上の実務経験や専門技術を持った人材の採用方式です。企業が中途採用で求める人材は、これまでの経験や技術をすぐにいかすことができる即戦力です。中途採用は、欠員が出たときに募集するのが一般的で、入社時期もさまざまです。

国で大学を卒業した人の場合、職歴がなくても専門性があれば、中途採用になる場合もあります。中途採用に応募するときは、条件をよく確認してから応募しましょう。

私は中国で3年働いていた経験があるから中途採用を探してみよう。

私は１年しか職歴がないから第二新卒採用かな。でも、念のため中途採用も見てみよう。

就職活動スケジュールを立てよう

① スケジュールの一番上の「年・月」にいつ入社したいかを書きます。

② 一番上の「目標」のところに希望の職種・業種を書きます。

③ ①②の目標を達成するために、しなければならないことを下の欄に年月を逆算して書いていきます。

サラさんの「就職活動スケジュール」の例

就職活動スケジュール		スケジュール（個人）
2025年　4月	目標 ホテル業界に入る フロントスタッフとして働く	
2025年　3月		入社前に旅行に行く
2025年　2月		
2025年　1月		
2024年　12月		クリスマスに帰国する
2024年　11月	在留資格変更許可	
2024年　10月		
2024年　9月	在留資格変更申請	
2024年　8月	内定をもらう　入社企業を決める	
2024年　7月	ジョブフェア参加、面接を受ける	
2024年　6月	ジョブフェア参加、面接を受ける	
2024年　5月	志望企業へのエントリー、ジョブフェア参加、 志望企業の応募書類作成、面接練習	
2024年　4月	情報収集、企業分析、自己分析	

在留資格変更許可の通知はハガキ（オンライン申請の場合は、メール）で届くが、いつ届くかはわからない。通知には入管へ受け取りに行く期間が書いてある。すぐ受け取れるように、申請中は、できるだけ帰国や旅行をしないほうがいい。

自分の「就職活動スケジュール」を立てよう

DL ▶ 1-01

目標スケジュール		スケジュール（個人）
年　月	目標	
年　月		
年　月		
年　月		
年　月		
年　月		
年　月		
年　月		
年　月		
年　月		
年　月		

まとめ　日本で日本企業に就職するために、まずは日本の就職活動の流れを把握しましょう。そして、今自分がするべきことは何かを考えて、行動しましょう。就職活動には、時間がかかります。余裕をもって、就職活動を始めましょう。

目標達成チェック

- □ 日本の就職活動の流れがわかった
- □ 新卒一括採用と中途採用の違いがわかった
- □ 自分の就職活動スケジュールを無理なく立てられた

ケーススタディ

就職活動と日本語の勉強

ケース

母国の大学で情報工学を勉強したトムさんは、日本のゲームが好きだったこともあり、その知識をいかして日本で働きたいと思っていました。そこで、大学卒業後の夏に来日して日本語学校に通い始めました。

以下は日本語学校の先生とトムさんの会話です。

先生：　トムさんは日本で働きたいんですね。そのためには就職活動をしなければなりませんね。

トム：　はい。でも、まずはJLPTでN2を取ります。その後、就職活動を始めるつもりです。

先生：　確かにN2を取ることは大切です。でも、N2を取ってから始めるよりも、N2の勉強をしながら就職活動をしたほうがいいですよ。

トム：　でも、日本で働くには、N2が必要だと聞きました。だから、まずはN2の勉強をします。

それからトムさんは一生けんめい勉強をつづけ、N2に合格することができました。トムさんはいよいよ仕事を探そうと思い、大手ゲーム会社の採用情報のウェブサイトを見てみました。

そこには「今年度の採用は終了しました。」と書いてありました。他にも、有名なゲーム会社のウェブサイトを見てみましたが、希望する会社はどこも採用が終わっていました。留学期限があと３か月しかなかったトムさんは、日本での就職をあきらめ、帰国することにしました。トムさんが日本で就職できなかった原因はどこにあると思いますか。

アドバイス

トムさんは、日本で働くにはJLPTのN2に合格しなければならないと信じ、N2を取得してから仕事を探そうとしました。確かに、多くの企業ではN2レベル以上の日本語力が求められます。しかし、N2を取得してから就職活動を始める、というのは効率のいい方法ではありません。

企業によっては、日本語の資格がなくても、日本語でコミュニケーションができれば採用になるところもあります。また、多くの日本企業は4月入社の新卒一括採用を行っていて、選考は前年の春ごろから行われます。もしトムさんが日本企業の採用方式を事前に把握し、企業のウェブサイトなどを見て情報収集をしていれば、結果は違っていたでしょう。

就職活動の前に日本語力を高めるのは確かに大切ですが、日本での就職には時間がかかることを頭に入れ、早めにスケジュールを立てておきましょう。また、就職先を考えるときは、有名かどうかにかかわらず、幅広く探すことも大切です。

ポイント

・就職活動は時間がかかる。いつまでに就職したいかを決めて、スケジュールを立てよう。

日本語学習のページ

就職活動で出てくる言葉

選考	新卒採用	中途採用	マナー	自己分析
情報収集	インターン	筆記試験	面接	内定

問題　①〜⑥の（　　　　）に入る言葉を上から選んで入れてください。

① 日本人大学生は2年生の夏ごろ、企業で（　　　　　　　　）として働き、経験を積むといいと言われています。

② 約束の時間に遅れるときは、相手に必ず連絡するのが（　　　　　　）だ。

③ 自分はどんな人なのか、これまでどんな経験をしてきたのか、短所や長所は何かを客観的に考えることを「(　　　　　　　　)をする」といいます。

④ 多くの日本企業では、前年度の春に新卒採用の（　　　　　　　　）を行い、夏から秋にかけて（　　　　　　　　）を出す場合が多いです。

⑤ 採用試験は、まずSPIなどの（　　　　　　　　）を受け、その後、人事担当者による（　　　　　　　　）を受けることが多いです。

⑥ 入社後、即戦力として活躍できる人を採用することを（　　　　　　　　）といいます。

就活のプロに質問！

留学生のQ＆A①

講師プロフィール

工藤 尚美 先生

外国人留学生と日本企業をつなぐ就職支援のプロフェッショナル。外国人留学生専門の就職支援サイト「リュウカツ」を運営する株式会社オリジネーターの取締役。

https://originator.co.jp/

Q 日本で働くためには、何をすればいいですか。

A まずは学校での勉強をしっかりすることが大切です。基本的な日本語力がなければ、求人情報を正しく得ることができず、企業の人とコミュニケーションを取ることもできません。基本的な日本語力をつけたうえで、学校以外でも勉強をしてください。

アルバイトをしたり、交流会に参加したりすると、日本の礼儀やマナーを実際に体験することができます。日本では、チームワークをいいものだと考える文化があります。たくさんの日本人と交流して、日本人の考え方を知り、コミュニケーション能力を高めましょう。

また、理系の人は自分が学んできた専門分野を正確に、わかりやすく説明できることが大切です。専門用語を覚えたり、資格を取ったりして、自分の専門分野のスキルを上げましょう。

文系の人は、営業職などの場合、外資系や一部の企業を除いて、高い日本語力とコミュニケーション力が求められます。また業種によっては、母語、日本語力以外に、英語など、ほかの語学力が必要な場合もあります。

第2章

仕事を探す

第1課　仕事の探し方

就職活動の流れがわかったら、さっそく仕事を探し始めましょう。また、自分の学歴や職歴などを整理して、履歴書を準備しておきましょう。

募集要項

求人

応募

エントリー

履歴書

人材紹介

待遇

雇用形態

◆目標

・求人情報を探すことができる
・募集要項の見方がわかる
・エントリーの仕方、履歴書の書き方がわかる

◆考えてみましょう

あなたの国では仕事を探すとき、どんな方法がありますか。
知り合いに紹介してもらうことが多いかな……。
あなた
あなたが仕事を探すとき、重視するのは何ですか。
私は、やっぱりお給料！
私は、自分がやりたい仕事かどうかを重視します。
あなた
履歴書にはどんな情報を書きますか。
学歴……。
資格……。
あなた

1 求人情報はどこにある？

仕事を探す方法はたくさんあります。企業が人材を募集することを「求人」といい、募集職種や選考方法が書いてある情報を「求人情報」または「採用情報」といいます。

■志望企業のウェブサイトを見る

働きたい企業が決まっている場合は、志望企業のトップページから、「求人情報」「採用情報」のページを探し、「募集要項」を見ます。「新卒採用」と「中途（キャリア）採用」に分かれている場合もあります。

■就職情報サイトを見る

就職情報サイトでは、志望業界や職種、勤務地などの条件から求人情報を検索することができます。日本人も利用するウェブサイトで検索するときは、「外国人留学生」というキーワードを入れましょう。気になる求人情報を見つけたら、直接エントリーすることもできます。

＜人気の就職情報サイト＞

例）マイナビ ：日本人が最もよく利用する就職情報サイトの１つ。外国人留学生のための特集ページがある。　https://job.mynavi.jp/

リクナビ ：マイナビと並んで、情報量が多い就職情報サイト。中途採用に特化した「リクナビNEXT」もある。　https://www.rikunabi.com/

■人材紹介会社（就職エージェント）を利用する

人材紹介会社（就職エージェント）はあなたの希望に合った仕事を紹介してくれます。利用は、ほとんどの会社で無料です。履歴書のチェックや面接練習もしてくれるので、人材紹介会社を利用するのは便利な方法です。しかし、登録しても必ず仕事を紹介してくれるわけではありません。登録しただけで安心しないで、自分でも仕事を探しましょう。

＜仕事紹介の流れ＞

①人材紹介会社のウェブサイトから個人情報や希望を入力して、会員登録をする

②キャリアカウンセラーと面談をして、自分の希望を話す

③キャリアカウンセラーが仕事の紹介、面接のアレンジをしてくれる

＜外国人向けの人材紹介会社＞

例）オリジネーター：外国人留学生のための就職情報サイト「リュウカツ」も運営。

https://www.ryugakusei.com/

■会社説明会・ジョブフェアに参加する

会社説明会とは、企業が人材採用にあたって、自社のことを知ってもらうために開催する説明会です。ジョブフェアとも言われます。人材紹介会社が複数の企業を集めて行う合同説明会もあります。会社説明会の開催情報は、企業または人材紹介会社のウェブサイトに掲載されます。外国人留学生は、外国人向けの説明会に行くのがおすすめです。

■外国人雇用サービスセンターに行く

東京・名古屋・大阪には、仕事を探す外国人を支援する国（厚生労働省）の支援施設があります。ここでは、求人情報が見られるほか、就職相談をすることもできます。

2 募集要項の見方

就職情報サイトやジョブフェアで、気になる企業や職種を見つけたら、「募集要項」を見ましょう。「募集要項」には仕事の内容や待遇などが書いてあります。

例）

募集職種	海外販売管理
業務内容	商品の輸出入業務
応募資格	20XX年3月までに大学（大学院）を卒業または卒業見込みの方（学部・学科不問）
雇用形態	正社員 【→38ページ】
契約期間	期間の定めなし（※3か月の試用期間あり）
入社日	20XX年4月
給与	初任給（基本給） 学士：20万円、修士：22万円、博士：24万円 【→39ページ】
待遇	昇給年1回、賞与年2回、残業手当、通勤手当 【→39ページ】
休日	完全週休2日制（土、日）、祝日、年末年始
休暇	年次有給休暇（入社初年度10日付与）、慶弔休暇、育児・介護休暇制度あり
勤務地	東京本社（転勤の場合あり）
勤務時間	(1) 8:00-17:00 (2) 9:00-18:00 (3) 10:00-19:00 シフト制 休憩1時間（実働8時間） 【→39ページ】
教育制度	新入社員研修
福利厚生	社会保険完備（健康保険、厚生年金保険、雇用保険、労災保険）、社員寮あり 【→40ページ】

雇用形態に関する言葉

正社員	無期限で定年まで働くことができる。ただし、企業は社員を他の部署に異動、転勤させたり、解雇したりできる権利をもっている。なお、仕事の契約期間はないが、外国人は就労ビザの期間が決まっているので、期限が切れる前に入管へ行き、在留カードを更新する。また、仕事内容によって正社員を「総合職」と「一般職」に分ける企業もある。総合職はその名の通り幅広い仕事を行い、将来企業の管理職になれる可能性もある。一般職は、主に総合職を補佐する業務を行う。
契約社員	決められた契約期間働く。多くの場合、契約期間は1～3年。契約社員に応募するときは、契約期間が1年以上の企業を探すといい。1年未満の場合、就労ビザの取得が難しいことがある。契約期間内によい働きをすれば、契約満了になっても、さらに1～3年更新してもらえることもある。
派遣社員	「正社員」と「契約社員」は企業と直接雇用契約を結ぶが、「派遣社員」は人材派遣会社と契約を結び、人材を必要としている企業に派遣されて働く。プロジェクトがあるときに派遣されることが多く、ほとんどの場合、契約期間が決まっている。給与は人材派遣会社から支払われる。派遣社員の求人は、ITエンジニアや販売職などの職種に多く見られる。人材派遣会社によっては、採用後、すぐに企業へ派遣されるのではなく、研修期間がある。派遣社員に応募するときは、研修期間中の給与や待遇について、必ず確認すること。

雇用形態には正社員・契約社員・派遣社員があります。どの雇用形態でも就労ビザは取得できますが、違いを知っておきましょう。

応募資格に「学部・学科不問」と書いてあっても、職種・業務内容が大学の専攻と合っていない場合、就労ビザが取得できない場合があります。
特に技術系の職種の場合は、大学で専攻した内容と業務内容が一致していたほうがいいです。

給与・待遇に関する言葉

給与	基本給と各種手当（下記参照）を合わせた賃金。
基本給	手当を含まない賃金。１か月単位で金額が決められている「月給」、１年単位で金額が決められている「年俸」などの給与形態がある。
手当	通勤手当：通勤のための交通費。 残業手当：残業したときに支払われる手当。 住宅手当：住宅費の補助。
賞与	ボーナスともいう。基本給とは別に年に１、２回支給されることが多い。
固定給	必ず支払われる賃金。「固定給（みなし残業代を含む）」と書かれている場合は、固定給に残業手当が含まれているという意味なので、残業時間を確認すること。
歩合給	業績に応じて支払われる賃金。求人票に「固定給＋歩合給」と書かれている場合、それぞれの賃金がいくらなのか確認すること。
昇給	業績や勤務年数によって基本給が上がること。

休日・勤務時間に関する言葉

完全週休２日制	１週間のうち、必ず２日、休みがあること。曜日が書いていない場合、休みは土日とは限らない。
週休２日制	１か月のうち２日、休みの週が１週以上あること。毎週２日休めるわけではないので、要注意。特に土日出勤がある飲食業やアパレル業では、毎週２日は休めないことが多い。
シフト制	月や週ごとに勤務時間が変わる制度のこと。
フレックスタイム制	社員が自由に出勤、退勤時間を選べる制度。完全に自由な場合は「完全フレックスタイム制」と書いてある。必ず仕事をしなければならない「コアタイム」や出退勤時間の幅が決まっている「フレキシブルタイム」が設定されていることが多い。 例）フレックスタイム制標準労働８時間／日 （休憩１時間、コアタイム11:00-15:00、フレキシブルタイム7:00-20:00） ⇒11時から15時までの４時間は仕事をしなければならないが、出退勤時間は7時から20時の間で選べる。
裁量労働制	仕事の方法や勤務時間を労働者が自分で決める働き方。情報処理システムの分析、設計、ゲーム用ソフトウェアの創作、証券アナリストなどの業種に多い。
年次有給休暇	賃金が支払われる休みのこと。「有給（有休）」ともいう。有給がもらえるのは、入社後6か月たってから。入社１年目の場合、６か月間継続して勤務し、決められた勤務日の８割以上出勤すれば、10日間の有給がもらえる。有給は働いた年数によって増えていき、６年６か月以上働いた人は最大20日間もらえる。

福利厚生に関する言葉

福利厚生		給与などの賃金とは別に、企業が社員やその家族に対して与えるサービス。社員寮や社員食堂の設備、社員割引などがある。
社会保険		雇用保険、労災保険、健康保険、厚生年金保険のこと。日本で働くには、外国人でも必ずこれらの保険に加入する。社会保険を省略して「社保」完備と書くこともある。
	雇用保険	失業したとき、再就職先が見つかるまでの間、失業給付金として一定金額が支払われる制度。ただし、自己都合による退職と会社都合による退職では支給金額や支給期間が異なる。
	労災保険	仕事中にケガをしたり、働きすぎが原因で病気になったりしたときに、その治療費を会社が全額負担する制度。
	健康保険	仕事以外でケガや病気をしたときに、治療費の一部が負担される制度。
	厚生年金保険	日本に住所がある20歳以上60歳未満の人は国籍にかかわらず、全員年金に加入しなければならない。厚生年金保険は、企業に勤める人が納める年金のことで、保険料は給与に応じて金額が変わる。日本の会社を辞めて完全に帰国するときは、出国して2年以内なら年金の「脱退一時金」を請求することができる。なおアメリカやフランスなどの国は、日本と年金に関する協定を結んでいて、日本での年金加入期間が反映される制度もある。くわしくは「日本年金機構」のウェブサイトで確認をしよう。

社会保険料は給与から引かれます。そのため「基本給20万円」と書いてあっても、実際にもらえるのはそれ以下の金額です。けれども、社会保険は万が一のとき、あなたを守ってくれます。安心して働くことができるでしょう。

3 選考に必要な書類

(1) エントリーシート (ES)

エントリーシートは企業のウェブサイト上で入力する場合と、ウェブサイトからダウンロードした用紙に記入して郵送する場合とがあります。企業によっては「プレエントリー」(→21ページ) をしないと、エントリーシートの提出ができないこともありますから、早めに情報収集をしておきましょう。エントリーシートには氏名、住所などの個人情報のほか、「自己PR (→134ページ)」や「これまで力を注いだこと」「働くうえで最も大切だと思うこと」など、読めば人物像や職業観が見えてくるような質問が多いことが特徴です。エントリーシートを書くためには、しっかりとした自己分析 (→114ページ)、業界・企業研究 (→52ページ) を行うことが大切です。

エントリーシートの例)

△△株式会社エントリーシート

	フリガナ 氏名		生年月日	
			電話番号	
	現住所			
	E-mail			
	最終学歴 (学部・学科)			

取得資格	(取得年月)
	(取得年月)
	(取得年月)
	(取得年月)
趣味・特技	

■あなたがこれまでに力を入れて取り組んできたことを3つ挙げてください。

①

②

③

■上に挙げた3つの中から1つを選び、なぜ力を入れたか、どのように取り組んだか、どのような成果を得たか、何を学んだかを記入してください。

■あなたがこれまでに直面した困難について、どのような困難か、また、どのようにして乗り越えたかを記入してください。

■あなたが当社に入社して、実現したいことを具体的に記入してください。

(2) 履歴書

履歴書には氏名、連絡先、学歴、職歴、資格など基本情報を書きます（→48ページ）。履歴書は、インターネットからダウンロードすることができます。厚生労働省が提供している履歴書もあります。サイズはＡ３の２つ折り（Ａ４判）がいいでしょう。履歴書にはさまざまな種類があります。「自己PR」や「志望動機」の欄があるものを選びましょう。

履歴書を提出するタイミングは企業によって異なります。会社説明会に持参する、エントリーシートとともに郵送する、面接に持参するなど、いつ提出が求められてもいいように準備しておくことが大切です。中小企業では、エントリーシートはなく、履歴書だけを提出して面接に進むかどうかの選考が行われることが多いです。

この本の48〜49ページの履歴書もダウンロードできます。

(3) 職務経歴書

職務経歴書は、職歴のある人が提出するものです。決められた用紙はなく、パソコンを使って自分で作成します。書く内容は、氏名、これまで働いてきた会社の規模、業種、具体的な仕事内容、業績などです。アルバイトは職務経歴書には書きません。企業が中途採用をするときは、まず職務経歴書の内容を見て、即戦力になる人材かどうかを判断します。職務経歴書の枚数は、職歴が多い人でも、Ａ４サイズ１〜２枚にまとめましょう。

職務経歴書を書くポイント

経歴要約	採用担当者がここだけ読んでもわかるように、自分の経歴を短い文章でまとめる。
企業名	働いていた企業の正式な名前を書く。2社以上ある場合は企業ごとに、下記の就業期間や事業内容、職務内容などを書く。
就業期間	働いていた期間。〇月まできちんと書く。
事業内容	勤務していた企業が行っている主な事業を書く。
従業員数	企業の規模を書く。
雇用形態	正社員として働いていたのか、契約社員、派遣社員だったのか、を書く。
経験職種	働いていた部署を書き、どんな仕事をしていたかを書く。経験した職種が2つ以上ある場合は、そのこともアピールできるので、くわしく書く。
職務内容	自分が携わったプロジェクトの内容や担当していた業務について、くわしく書く。
実績	具体的な数字を書いてアピールする。
語学スキル・取得資格	語学力についてくわしいレベルを書く。資格があれば、それを記入する。
PCスキル	文系の人の基本はWord、Excel、PowerPointの3種類。デザイン系や技術系志望の人はビジネスレベルで使用できるソフト名を書く。
自己PR	これまでの経歴を通して、自分が得意だと思うところ、就職した後、どのように貢献できるかを書く。

職務経歴書の職務内容や実績は、「～をしました」という書き方ではなく、簡潔にまとめましょう。次のページの例を見てください。

例）シュウさんの「職務経歴書」

職務経歴書

X年X月X日

周雷（シュウ・ライ）

＜経歴要約＞

私は○○大学日本語学部を卒業後、20XX年9月に日系広告代理店の○○広告有限公司（中国、上海市）に入社しました。入社後は営業部に配属され、中国の雑誌の広告を企業から受注する業務を担当しました。私は大学で学んだ日本語のスキルをいかして、日本企業の新規開拓営業に携わり、20XX年度は営業部内で売り上げ3位の成績を上げました。私は日本と中国双方のニーズを把握し、迅速に対応する力をもっています。

＜職務経歴＞

■企業名　○○広告有限公司（中国、上海市）
■就業期間　20XX年9月～20XX年7月
■事業内容　広告代理業
■従業員数　500名
■雇用形態　正社員
■経験職種　営業部　営業職
■職務内容　雑誌広告の企画提案、受注制作、営業
　営業方法　：新規顧客開拓、既存顧客への営業
　担当顧客　：大手日本企業（化粧品メーカー、電子製品メーカーなど）
　担当エリア：北京、天津

■実績
20XX年度　年間売り上げ　40万元（営業部3位）
20XX年度　年間売り上げ　20万元（営業部6位）
新規開拓企業数　5社（3年間）

＜語学スキル・取得資格＞
中国語　：母語
日本語　：ビジネスレベル、JLPT N1合格（20XX年×月）
英語　：ビジネスレベル、TOEIC 900点（20XX年×月）
韓国語　：日常会話レベル

＜PC スキル＞

Word、Excel、PowerPoint

＜自己 PR＞

私は3年間で日本企業を5社新規開拓し、多くの商談を成功させてきました。私は商談を行うとき、常にお客様のニーズを把握するようにしています。例えば、株式会社○○化粧品が XX 年に新商品プロモーションのために掲載した広告では、新商品の効果が伝わるようにデザインに力を入れ、広告制作チームと努力を重ねました。この結果、株式会社○○化粧品は主要顧客となりました。

お客様に最良のサービスを提供するには、社内のチームワークが重要です。私は日本と中国の企業文化に精通し、お互いを尊重して、迅速に対応する力をもっていると自負しています。

＊実際に職務経歴書を作成するときは、ルビ（読みがな）は必要ありません。

4 提出する書類

(1) 日本語学校・大学などの成績証明書、卒業証明書など

(2) 日本語・外国語の能力を証明する書類（JLPT、TOEICなどの成績証明書）

(3) 健康診断書

上記の書類は内定後に提出することが多いです。在留資格変更にも必要となる場合があります。特に卒業校の証明書類は早めに取り寄せておきましょう。

5 履歴書の書き方

履歴書の氏名から資格・免許までは、基本情報となるため、応募するたびに変える必要はありません。事前に書いて準備しておくと便利です。

(1) 書き方

指定がない場合は、手書きでもパソコン作成でも構いません。パソコン作成の場合は、漢字の変換ミスなどに気をつけましょう。文書ファイルで作成し、PDFファイルにしてから送るとよいでしょう。

(2) 写真

横3cm×縦4cmの証明写真を貼ります。履歴書をデータで送るときも、サイズは3：4にしましょう。背景は白、青、グレー。スーツを着て、清潔感のある髪型で撮影します。表情は笑顔がいいですが、口は閉じましょう。履歴書に写真を貼るときは、裏に油性ペンで名前と生年月日を書いてから貼ります。

(3) 氏名・ふりがな

中国語圏の国や韓国の人で漢字名がある場合は、日本の漢字で名前を書きます。それ以外の地域の人はアルファベット表記で書きます。氏名の上のふりがな欄には、カタカナ表記の名前を書きます。

ふりがな	シュウ　ライ
氏　名	周　　雷

ふりがな	グェン　　ティ　トゥイ
氏　名	NGUYEN　THI　THUY

(4) 学歴

新卒採用に応募する場合は、中学卒業から記入します。中途採用の場合は、高校卒業から記入するのが一般的です。中国語圏の学校・学部・学科（専攻）は、日本の漢字で正式名称を書きます。それ以外の地域の学校名などは英語表記で書きます。採用担当者はあなたの履歴書を見て、学校名をインターネットで調べるかもしれません。必ず正式名称を書きます。

大学の学部学科名は、日本に相応する学部学科がある場合は、日本語に翻訳して書きます。また、留学も学歴欄に記入します。現在、学校に通っている人は、いつ卒業する予定なのか「卒業見込み」も書きます。採用担当者はあなたがいつから働けるかを知りたいはずです。大学院を終えた場合は「修了」と書き、それ以外の学校は「卒業」と書くのが一般的です。

中国語圏の高校を卒業した人は、〇〇中学（高校）と書きましょう。

(5) 職歴

年代が古い順に、社名、所属部署、担当業務、入社年月、退職年月を記入します。会社名は正式名称を書きましょう。アルバイトやインターンは、応募企業と関連のある仕事を一定期間、経験した場合のみ記入します。期間が短すぎる場合や関連が少ない場合は書かなくてもいいです。また、会社を辞めて、日本へ来た場合は「日本へ留学のため退社」と記入します。職歴を書きおえたら、次の行の右端に「以上」と書きます。

(6) 免許・資格

国際的に通用する語学試験（JLPT、TOEICなど）やITスキルを証明する技術系の資格と取得した年月などを記入します。

履歴書の左側を書こう

サラさんの例を参考にしながら、自分の履歴書の左側を書いてみましょう。

DL ▶ 2-01

履 歴 書　　2024 年 4 月 20 日現在

フリガナ	サラ　ロッシ
氏　名	SARA ROSSI
1997 年 11 月 11 日生　（満 27 歳）	※性別 女
フリガナ	トウキョウト ブンキョウク コウラク 〇チョウメ〇バン〇ゴウ
現住所 〒123 -4567	東京都文京区後楽〇丁目〇番〇号
電話	090-xxxx-xxxx
フリガナ	
連絡先 〒 （現住所以外に連絡を希望する場合のみ記入）	同上
メールアドレス	sara_rossi@xxx.co.jp

年	月	学 歴・職 歴（各別にまとめて書く）
		学歴
2013	6	（イタリア）ABC Junior High School卒業
2013	9	（イタリア）ABC High School入学
2018	6	（イタリア）ABC High School卒業
2018	9	（イタリア）University of ABC外国語学部日本語学科 入学
2021	6	（イタリア）University of ABC外国語学部日本語学科 卒業
2023	4	（日本）ABC日本語学校 入学
2025	3	（日本）ABC日本語学校 卒業見込み
		職歴
2021	7	（イタリア）ABC Company Ltd. Milano 入社
2023	2	（イタリア）ABC Company Ltd. Milano 退社

※「性別」欄：記載は任意です。未記載とすることも可能です。

年	月	免許・資格
2023	12	日本語能力試験N1合格
2024	1	TOEIC 980点取得

志望動機

自己PR

自己PRと志望動機は応募企業によって書く内容を変えます（→126、134ページ）。

趣味・特技・得意科目など

趣味：サッカー
特技：イタリア語（母語）、英語、日本語、スペイン語（ビジネスレベル）
中国語（日常生活レベル）

本人希望記入欄（特に給料・職種・勤務時間・勤務地・その他についての希望などがあれば記入）
営業職を希望します。勤務地、待遇などは貴社規定に従います。

まとめ 求人情報を探して、募集要項をよく読みましょう。履歴書などの書類を早めに準備しておきましょう。

目標達成チェック

- □ 求人情報を探すことができる
- □ 募集要項の見方がわかった
- □ エントリーの仕方、履歴書の書き方がわかった

ケーススタディ

学歴・職歴の空白期間

ケース

オウさんは次のような履歴書を書いて、A社に応募しました。面接のとき、A社の面接官は「大学を卒業してから日本に来るまで何をしていたんですか。」と質問しました。オウさんは「父の会社を手伝っていました。」と明るく答えたものの、面接官は微妙な表情で、その後の面接はあまりいい雰囲気で進みませんでした。2日後、オウさんに不採用を知らせるメールが届きました。

	学歴
2020年6月	(中国) ○○大学　外国語学部　日本語学科　卒業
2023年10月	(日本) ○○日本語学校　入学
2025年3月	(日本) ○○日本語学校　卒業見込み
	職歴
	なし

アドバイス

オウさんの履歴書には、どんな問題があったか、考えてみましょう。日本では、学歴や職歴に空白があることを気にする面接官が多いです。そのため、学歴や職歴には空白期間がないように正直に書きましょう。下記のように、家業も職歴として書くことができます。ただし、書くのは事実のみ。嘘を書いてはいけません。

	職歴
2020年7月	家業に従事 (中国・北京市　○○スーパーマーケット) 経理を担当
2023年9月	日本留学のため退職

日本語学習のページ

仕事を探すときに出てくる言葉

福利厚生	在留資格	応募資格	求人情報	履歴書
会社説明会	入力する	応募する	募集する	登録する

問題 ①〜⑦の（　　）に入る言葉を上から選んで、入れてください。
動詞は適当な形に変えてください。

① A社では5年以上の営業経験を持った人材を（　　　　　　　）いるが、私は3年しか経験がないので、（　　　　　　　）がない。

② ジャンさんはA社から内定をもらい、（　　　　　　　）を変更する予定だ。

③（　　　　　　　）前に、その企業についてよく調べたほうがいい。

④ 駅前にある写真館で（　　　　　　　）に貼る写真をとった。

⑤ 人材紹介会社に（　　　　　　　）ところ、キャリアカウンセラーから連絡があり、有名ホテルの（　　　　　　　）が送られてきた。

⑥ A社は、（　　　　　　　）の一環として、社員食堂で無料の朝食を提供している。

⑦ インターネットを使用する就職活動では、個人情報を（　　　　　　　）ように求められる。

第2課　業界研究・企業研究

日本にはたくさんの企業があります。「有名だから」、「友達に聞いたから」だけの理由で企業を選ぶと、その業界や企業のことをあまり知らずに就職活動を進めてしまい、失敗のもととなります。業界や企業のことをよく調べて、どんな人材が望まれているのかを考えましょう。

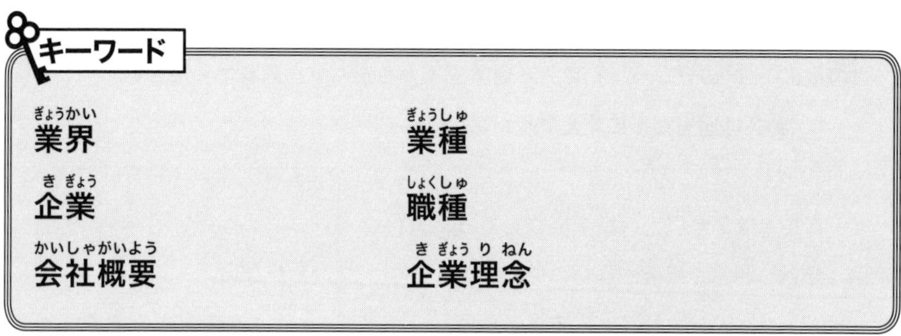

キーワード
業界
業種
企業
職種
会社概要
企業理念

業界とは

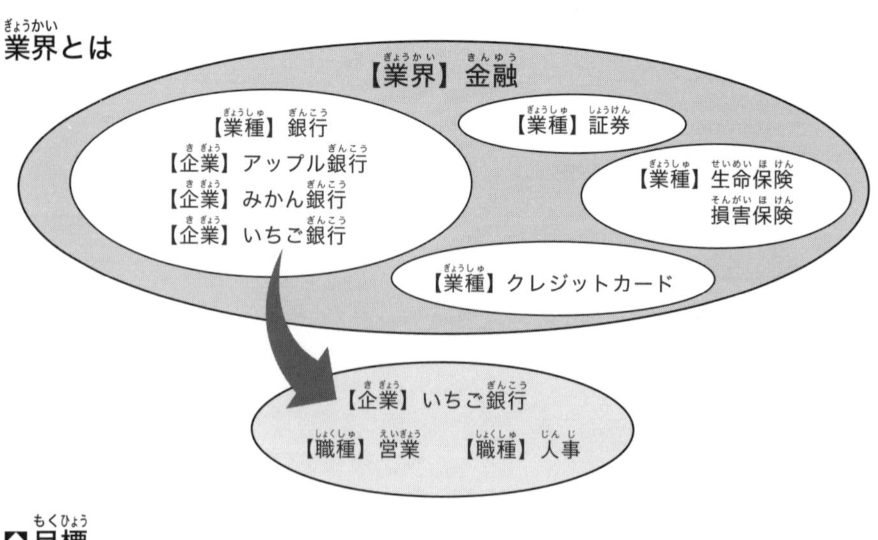

◆目標

・自分自身の志望する業界研究の方法について理解する
・企業研究の方法を理解する

◆考えてみましょう

あなたが知っている日本の会社は何ですか。
トヨタ。
任天堂。
あなた
それは何の会社ですか。
車。
ゲーム。
あなた
あなたは何の会社で働きたいですか。
貿易。
旅行。
あなた
そこでどんな仕事がしたいですか。
営業。
通訳。
あなた

1 業界研究

「業界」とは企業を同じ産業や商売で分類したものです。業界の種類や、業界の中にある企業について調べることを「業界研究」といいます。「業界研究」をすると、自分の適性や経験がいかせる業界を知ることができます。

■業界研究の目的

①自分に合った業界・企業を探すため
②業界の動向を知るため

(1) 日本の主な業界と業種

同じ「業界」でも、何を取り扱っているかが異なります。それを分類したものが「業種」です。

業界	業種	業界	業種
製造業・メーカー	食品・農林・水産 建築・住宅・インテリア 繊維・化学・石油・薬品・化粧品 鉄鋼・鉱業 機械・電子機器 自動車 精密・医療用機器 印刷・事務機器関連	サービス	不動産 交通・運輸 外食産業 ホテル・旅行・観光 コンサルティング 人材サービス 教育 医療・福祉
金融	銀行 証券・投資信託 生命保険・損害保険 クレジットカード	小売	百貨店・スーパー ホームセンター・ドラッグストア コンビニ 専門店
商社	総合商社 専門商社 通販・ネット販売	マスコミ	新聞・出版・広告 放送・通信社
		情報・通信	ソフトウェア 情報処理通信 ネット関連技術

(2) 業界研究の仕方

業界研究をするときは、まず「業界地図」（下記参照）を見てみましょう。

「業界地図」などを調べると、それぞれの業界にどんな企業があるのか、その企業の売り上げや利益などを知ることができます。そこで興味を持った企業があったら、さらにその企業のホームページなどを見るとよいでしょう。

①「業界地図」やインターネットで、どんな業界があるのか調べる

②①の業界の動向や将来への展望などを知る

③興味を持った業界を深く知る

・どんな業種、企業があるか

・関連した産業や企業は何か

(3) 役に立つ書籍・ウェブサイト

『日経業界地図』日本経済新聞社

『会社四季報　業界地図』東洋経済新報社　『就職四季報』東洋経済新報社

『業界ナビ』リクナビ（https://job.rikunabi.com/contents/industry/881/）

(4) 業界研究の練習

「業界地図」を見て業界について知ろう

例）小売業界（インテリア、雑貨など）の「業界地図」を見て考えよう

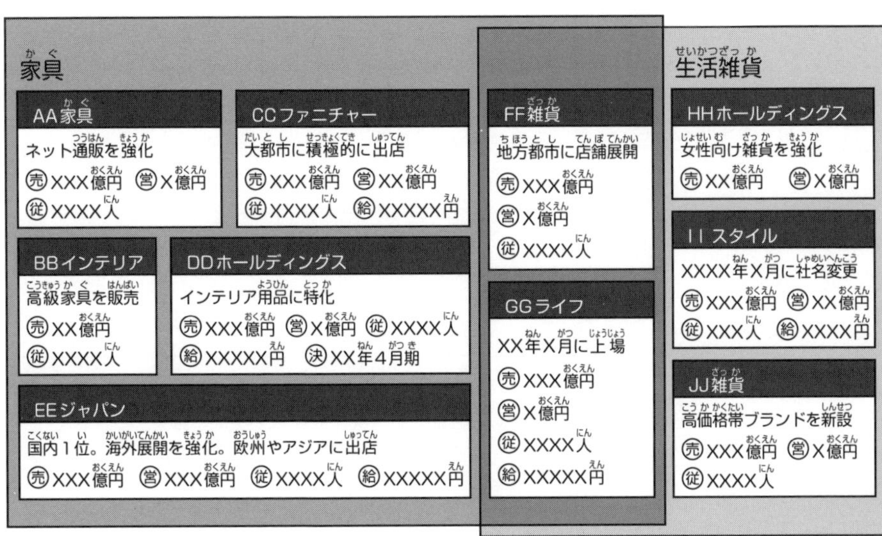

例）シュウさんの「業界研究」

興味を持った業界：	小売
なぜ興味があるのか	日本に来て、服や家具などを安く売っている店を多く見た。商品も魅力的で、そのサービスもすばらしい。私もそのような仕事をやってみたい。
業界の気になるところ 将来の予想	開発から販売まで通して行っている企業が利益を出している。 企業の特色を出す営業展開が求められる。 企業の吸収合併などもあるかもしれない。
あなたの国では？	安いものも人気だが、高い品質の商品がよく売れている。
興味のある企業名	ニトリ、ロフト、大創産業、ドン・キホーテ

あなたが興味を持った業界を調べてみましょう。シュウさんの例にならって、書いてみましょう。

DL ▶ 2-02

興味をもった業界：	
なぜ興味があるのか	
業界の気になるところ 将来の予想	
あなたの国では？	
興味のある企業名	

2 企業研究

1つの業界にもたくさんの業種がありました。それぞれの業種のなかにはたくさんの「企業」があります。企業はそれぞれ、規模や経営の方針などが異なります。興味を持った企業についてよく調べて、その企業の特色を知ることを「企業研究」といいます。

(1) 企業研究の仕方

あなたが志望企業を決めるときに、重要だと考えることは何ですか。経営方針、所在地、仕事内容など、人によって違うでしょう。気になる企業を複数調べて、それらの点を比べてみましょう。そうすると、あなたが入りたいと思う企業を見つけることができるでしょう。

方法❶ 業界→業種→企業

① 興味のある業界を探す（書籍、インターネット）
⬇ 例）小売
② ①の業界にはどんな業種があるのか調べる
⬇ 例）百貨店、スーパー、コンビニ、専門店
③ ②の業種にはどんな企業があるのか調べる
⬇ 例）セブン-イレブン、ローソン
④ 気になった企業についてくわしく調べる（書籍、インターネット、会社説明会）

方法❷ 職種→業種→企業

1つの会社の中には、さまざまな仕事をしている人たちが働いています。営業、事務、企画など、いくつかの部署に分けられていることがほとんどです。それらを「職種」と言います。職種から企業を探す方法もあります。

① 興味のある職種がどんな業種でできるか考える
⬇ 例）接客→百貨店、ホテル、旅行会社
② ①の中から興味のある業種を選ぶ
⬇ 例）ホテル
③ ②にどんな企業があるか調べる
⬇ 例）帝国ホテル、ヒルトン
④ 気になった企業についてくわしく調べる（書籍、インターネット、会社説明会）

(2) 企業研究の練習

「会社概要」を読み取ろう

ホームページにはその会社の概要（所在地、設立年、資本金など）、社長あいさつ、業務内容などが書いてあります。ほかに、沿革（企業の歴史）、売上高、経常利益なども書かれていることが多いです。それらの情報は、他社と比べられるように、メモしておきましょう。

例）いちごトラベルの「会社概要」と「社長あいさつ」を読んでみよう

〈会社概要〉			
会社名	株式会社いちごトラベル	本社所在地	東京都文京区後楽X-XX-XX
設立	1994年6月20日	資本金	4000万円
代表者	代表取締役　山田二郎	従業員数	382名（2024年4月1日現在）

【 社長あいさつ 】

株式会社いちごトラベルは、設立当初、小さな事務所と従業員３名で始めた小さな旅行会社でした。そして多くのお客様にご利用いただき、今では多くの従業員がお客様の旅行のお手伝いをさせていただけていることに、心より感謝いたしております。

私たちの旅行に関するコンセプトは、「現地での体験を大切にする」ことです。旅行での思い出の作り方はさまざまですが、私たちが大切にしたいことは、旅行先での貴重な時間を「感動」として心に刻むことです。それはどんな「モノ」よりも価値のあることだと考えます。現地で大自然に触れたり、祭りに参加したり、芸術に触れたりすること、それはまさにその場へ足を運ばないとできないことです。私たちは、現地の方々と触れ合えるオプショナルツアーや、ホームステイなどのプランなどをご提供しています。そこには、一生に一度しかない出会いがあるかもしれません。

お客様に「行ってよかった」と言っていただける旅行をご提案できるように、今後もさまざまな挑戦をしてまいります。一生、心に残る「感動」をご提供できるよう努めてまいります。

① この会社の業界名、業種名は何ですか。
② 1994年は従業員が何名でしたか。
③ この会社の提案する旅行の特徴は何ですか。

「職種」を知ろう

興味のある企業であっても、そこで自分の強みがいかせる職種がなければ力が発揮できません。大きな企業であれば、さまざまな部署があり、職種もさまざまです。職種によっては外国人は就職が難しい場合もあるので、企業や求人情報をよく調べましょう。

例）やりたい職種を探そう

職種の分類	職種の例
事務・管理系	総務、人事、財務、経理、会計、在庫管理、秘書、受付
企画系	経営企画、商品企画、宣伝・広報、マーケティング
営業系	国内営業、海外営業、販売促進
販売・サービス系	販売、接客、バイヤー
専門系	講師、看護師、栄養士、福祉士、介護士、通訳、翻訳
技術・研究系	生産・製造技術、設計、品質・生産管理・メンテナンス
金融系	為替ディーラー、証券アナリスト
クリエイティブ系	編集・制作、デザイナー、ゲームクリエイター
IT系	システムエンジニア、プログラマー

① あなたが興味のある職種は何ですか。

② その職種の人は、どんな業種で働くことができますか。

③ あなたが興味のある業種は何ですか。

④ その業種には、どんな企業がありますか。

興味のある企業を調べよう

興味のある企業について、インターネットで調べて、情報を抜き出してみましょう。業界から絞っても、職種から企業を探してもいいです。

例）（58ページの「会社概要」も見てください）

会社名	株式会社いちごトラベル
設立年	1994年
代表者	代表取締役　山田二郎
本社所在地	東京都文京区後楽X-XX-XX
電話番号	03-XXXX-XXXX
支社・支店の場所	なし
資本金	4000万円
従業員数	382名（2024年4月1日現在）
事業内容	旅行業、旅行業者代理業
売上高	250億円（2024年4月1日現在）
沿革（企業の歴史）	1994年6月　文京区にて会社設立 1995年6月　運輸大臣登録　旅行業代理店免許取得 1998年6月　運輸大臣登録　一般旅行業免許取得 2001年10月　豊島区に移転 2013年10月　文京区に移転
企業の理念	「現地でしか体験できないことを大切にする」旅行を提供する 「感動」を心に刻める旅行を提供する
競合他社	株式会社バナナ旅行、レモントラベル株式会社
その他（メモ）	・自分の国も旅行先としてよく選ばれている ・添乗員は現地スタッフ ・ネット、スマホでの申し込みが便利 ・若い女性に人気がある
あなたが希望する職種	商品企画 日本へ来た外国人の接客

あなたが興味を持った企業を調べて、例を参考に書いてみましょう。
いくつか調べて、もっと知りたい人は会社説明会などに参加してみましょう。

会社名	
設立年	
代表者	
本社所在地	
電話番号	
支社・支店の場所	
資本金	
従業員数	
事業内容	
売上高	
沿革（企業の歴史）	
企業の理念	
競合他社	
その他（メモ）	
あなたが希望する職種	

まとめ 興味がある業界や企業をよく調べ、いくつかを比較することで、自分が入りたい企業が見えてきます。しっかり調べることが大切です。

目標達成チェック

- ☐ 業界研究の方法について理解した
- ☐ 企業研究の方法について理解した

ケーススタディ

企業研究

ケース

キムさんは現在、日本で就職活動中です。キムさんの趣味は旅行です。日本に来てからも、いろいろなところへ行ったので、キムさんは旅行会社に就職したいと思っています。

キムさんは、インターネットで旅行会社を探し、会社説明会に参加したり、エントリーしたりしました。そのうち何社かは面接まで進みましたが、まだ合格した会社はありません。

面接でキムさんは旅行が好きなこと、日本でもいろいろなところへ旅行したことを十分アピールしたつもりでした。面接官に「この会社でどんなことがしたいか、どんなことができるか」と質問されたときは、その会社に入社したいので「何でもする」と答えたので大丈夫だと思いました。

また、母国の大学の先輩が働いている旅行会社も紹介してもらい、その会社でも面接に進みました。先輩からその会社の話を聞いて面接へ行ったので、きちんと答えられたと思いました。

しかし、合格した会社は１社もありません。キムさんのどこがいけなかったのでしょうか。

アドバイス

キムさんはそれぞれの企業について調べたようですが、どんな事業を行っているか、そこで自分が働きたい職種は何なのか、そこまで調べたり考えたりしなかったようです。ただ「旅行が好き」「何でもする」だけでは、熱意は伝わるかもしれませんが、仕事としてどんな貢献ができるのかは伝わりません。

先輩などから紹介され、話を聞いた企業であっても、話を聞くだけでなく、自分で調べましょう。

日本語学習のページ

「会社概要」を見るときに出てくる言葉

企業理念	所在地	従業員数	資本金	代表取締役

企業のデータを見るときに出てくる言葉

売上高	営業利益	純利益	合併	動向	競合

**問題　①～④の（　　　　）に入る言葉を上から選んで入れてください。
まず言葉の意味を確かめてから、問題をといてみましょう。**

① A社の（　　　　　　　　）は2億5000万円、（　　　　　　　　）は200人、（　　　　　　　　）は鈴木太郎氏だ。

② B社の「社長の言葉」をインターネットで読んで、「日本の技術革新を目指す」というB社の（　　　　　　　　）を理解した。

③ E社とF社が（　　　　　　　　）したので、新社名になる予定だ。

④ G社の商品は今年とてもよく売れた。税金などを引いた（　　　　　　　　）は465億円だった。

<「会社」と「企業」の違い>

「会社」と「企業」は同じような意味として使うことが多いです。しかし、どちらを使うか決まっている表現もあるので、注意しましょう。

○ 会社へ行く　　× 企業へ行く

× 会社理念　　○ 企業理念

就活のプロに質問！

留学生のQ＆A②

講師：工藤 尚美 先生

Q 外国人留学生は、どんな仕事を希望する人が多いですか。また、実際はどんな仕事をしていますか。

A 理系の場合は、自分の専門分野に基づいて、研究開発者やエンジニアとして働く人が多いです。文系大学の出身者に人気なのは、「通訳・翻訳」の仕事ですが、実際の就職先は、小売、流通、ホテル、飲食などのサービス業、またはメーカーで海外営業職、技術営業職として働く人が多いです。

「通訳・翻訳」の場合、いろいろな業界で活躍することができますから、興味がある業界以外にも目を向けて仕事を探しましょう。

Q 働きたい企業がありますが、外国人採用をしているかどうかわかりません。

A まずはしっかりと企業研究をしましょう。企業のホームページを見たり、ニュースを調べたりして、情報を集めましょう。また、就職指導担当の先生から、留学生を採用している企業や先輩留学生の就職先などの情報を聞いたり、校内の掲示板をこまめに確認したりと、学校の就職支援機関も積極的に活用しましょう。

さらに、外国人留学生向けの人材紹介会社を利用するのも１つの方法です。そのような人材紹介会社が紹介するのは、どれも外国人留学生を積極的に採用したい企業です。人材紹介会社は、各企業の社風を知っていますから、あなたの性格や特徴に合った企業を紹介してくれるはずです。

第3章

敬語

第1課　敬語の基本

ビジネス会話といえば、敬語を思い浮かべる人も多いでしょう。敬語を使うのが苦手という人もいるかもしれませんが、それは日本人も同じです。正しい敬語の使い方を覚えて、就職活動に役立てましょう。

◆目標

・敬語（尊敬、謙譲、丁寧）について理解する
・「ウチ・ソト」の違いで、敬語の使い方が変わることがわかる
・敬語を使って話せるようになる

◆考えてみましょう

どんなときに敬語を使いますか。

アルバイトのとき。

先生と話すときです。

あなた

どんな敬語を知っていますか。

いらっしゃいませ。

お待たせしました。

あなた

敬語を使うとき、自分が苦手だと思うことは何ですか。

「うかがいます」のような特別な敬語が難しいです。

書くときは大丈夫ですが、話すときは間違えてしまいます。

あなた

1 敬語の種類

人事担当者とサラさんが話をしています。

サラさんは、どのように話すと思いますか。考えてみましょう。

担当者：まず、お名前と国籍をお願いします。

サラ：①＿＿＿。

担当者：私どもの会社のホームページをご覧になりましたか。

サラ：はい、②＿＿＿＿＿＿＿＿＿＿＿＿＿＿＿＿＿＿＿＿＿＿。

社会人のマナーとして、敬語を使えるようになりましょう。正しく使えると、相手があなたから受ける印象がとてもよくなります。逆に、敬語をうまく使えないと、基本的マナーが守れない失礼な人だと思われてしまいます。

解答例

①サラ・ロッシと申します。イタリアからまいりました。②拝見しました。

敬語は大きく３つのグループに分かれます。尊敬、謙譲、丁寧です。
まずは例で確認しましょう。

(1) 尊敬：聞き手（相手）の行為を高くする言い方

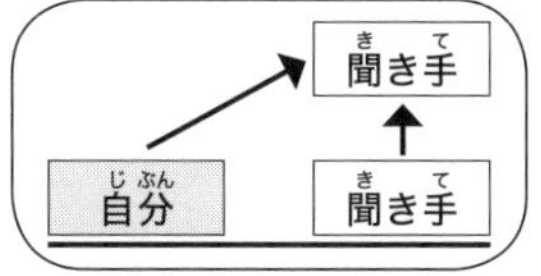

①特別な尊敬語 …… 一番丁寧な言い方

言います　→　おっしゃいます
見ます　　→　ご覧になります

②「お～になります」 …… ①特別な尊敬語の次に、丁寧な言い方

出かけます　→　お出かけになります
帰ります　　→　お帰りになります

注「います」「寝ます」など、「ます」の前が１文字の言葉には使えません。

③尊敬形（尊敬動詞） …… 尊敬の気持ちを表すが、①と②よりは軽い敬意

・グループⅠの動詞

書きます　→　書かれます
i　　　　　　a　　　　　　a+れます

・グループⅡの動詞

出かけます　→　出かけられます
ます→られます

・グループⅢの動詞

します　→　されます
来ます　→　来られます

敬語は慣れれば難しくありません。この「尊敬」、次のページからの「謙譲」、「丁寧」をしっかりと理解して、使ってみましょう。

(2) 謙譲：聞き手（相手）を高めるために、自分の行為を低くする言い方

① **特別な謙譲語** …… 一番丁寧な言い方

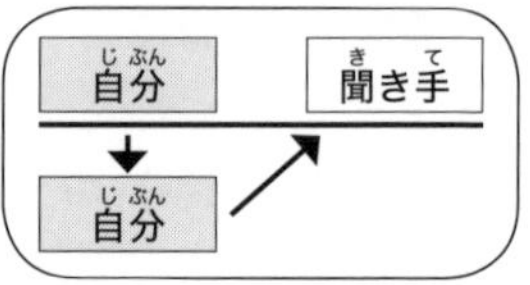

見ます → 拝見します

します → いたします

② **「お/ご～します」** …… ①の言い方があるときは使わない

持ちます → お持ちします　　手伝います → お手伝いします

説明します → ご説明します　　連絡します → ご連絡します

注 「○○します」の動詞はほぼ「ご～します」の形です。ただし、いくつか例外もあります。「お電話します」は例外として覚えましょう。

(3) 丁寧：相手に敬意を表す言い方

① **「お」「ご」** …… 決まった言葉に「お」や「ご」をつける。自分のことを言うときはつけない。

名前→お名前　　電話→お電話

住所→ご住所　　兄弟→ご兄弟

② **場所、人、時の言葉**

受付はあっちです → 受付はあちらです

どの部屋ですか → どちらのお部屋ですか

どの人ですか → どちらの方ですか

さっき電話しました → さきほどお電話しました

③ **ビジネスで使う表現**

これでいいですか。 → こちらでよろしいですか。

じゃあ、後で電話します → では、後ほどお電話いたします

2 敬語のまとめ

特別な敬語

	尊敬語	謙譲語
します	なさいます	いたします
います	いらっしゃいます	おります
行きます	いらっしゃいます	うかがいます まいります
来ます	いらっしゃいます	まいります
聞きます	―	うかがいます
言います	おっしゃいます	申します
会います	―	お目にかかります
見ます	ご覧になります	拝見します
食べます／飲みます	召し上がります	いただきます
もらいます	―	いただきます 頂戴します
知っています 知りません	ご存じです ―	― 存じません

丁寧語

① 「お」「ご」

「お」	「ご」
お話、お名前、お部屋、 お電話、お休み	ご住所、ご兄弟、ご両親、 ご家族、ご紹介

②場所・時などを表す言葉

普段使う言葉	丁寧語
ここ・こっち・これ	こちら
そこ・そっち・それ	そちら
あそこ・あっち・あれ	あちら
どこ・どっち、どれ	どちら
どんな	どのような
この前	前回

普段使う言葉	丁寧語
さっき	さきほど
あとで	後ほど
きのう	昨日
きょう	本日
あした	明日
去年	昨年

③ビジネスで使う表現

普段の表現	ビジネスで使う表現
わたし	わたし・わたくし
わたしたち	わたしたち・わたくしたち
あなたの会社	御社（貴社）（会社の人は自分の会社を「弊社」といいます）
すぐ	早速・ただちに
すみません	申し訳ございません
わかりました	承知しました
じゃあ	では
いいですか	よろしいですか・よろしいでしょうか
とても	大変
すごく	非常に

3 ウチ・ソト

目上の人と話したり、目上の人について話したりするときに尊敬語を使います。

それから、もう１つ大切なルールがあります。「ソト」の人に「ウチ」の人の話をするときは、目上の人について話すときでも、尊敬語は使いません。「ウチ」の人とは家族や同じ会社の人など、同じグループの人です。

■会社の中で

同じ会社の山田さんとチョウさんの会話です。

山　田：チョウさん、井上課長は今日の会議にいらっしゃいますか。
チョウ：ええ、いらっしゃる予定です。

ポイント 井上課長は２人にとって目上の人ですから、敬語を使います。

山　田：Ｙ社の田村さんに電話してくれましたか。
チョウ：１時間前に電話をしたのですが、いらっしゃらなかったので、またあとで電話します。

ポイント 会社の中で、他社の人（ソト）のことを話すときは、敬語を使います。

■他社の人と

チョウさんと他社の加藤さんの会話です。

加　藤：御社の井上課長は、来週の会議にいらっしゃいますか。
チョウ：はい、まいります。

ポイント 加藤さんはチョウさんにとって他社（ソト）の人です。チョウさんが会社の上司の井上課長（ウチ）について話すときは尊敬語を使いません。ここでは、自分の事を話すときと同じように、謙譲語を使います。

加　藤：私の部下の木村はご存知ですか。
チョウ：はい。先週の会議のとき、お目にかかりました。

ポイント 木村さんも他社（ソト）の人ですから、加藤さんの部下でも、もちろん尊敬語を使います。

■自社の人と他社の人と

チョウさんと同じ会社の山田さんと、他社の加藤さんとの会話です。

チョウ：加藤さん、中国へ出張に行かれるんですか。
加　藤：ええ、来週から１週間ぐらいの予定です。
チョウ：そうですか。実は、山田は中国へ留学していたことがあるんですよ。
山　田：でも、もう10年も前のことなので、中国語もあまり話せなくなってしまいました。

ポイント 加藤さんは他社（ソト）の人ですから、敬語を使いますが、山田さんは同じ会社（ウチ）の人なので、敬語は使いません。
しっかり使い分けましょう。

■家族について

同じ会社の山田さんから、家族について聞かれました。

山　田：お父さんは何をなさっているんですか。
チョウ：高校で教師をしております。

ポイント 自分の家族について話すとき、尊敬語は使いません。

まとめ 敬語の使い方に慣れて、スムーズに話せるようになりましょう。

目標達成チェック
- ☐ 敬語（尊敬、謙譲、丁寧）について理解した
- ☐ 「ウチ・ソト」の違いで、敬語の使い方が変わることがわかった
- ☐ 敬語を使って話せるようになった

ケーススタディ

敬語の使い方

ケース

ケリーさんは会社説明会で、会社の人事担当者と話しています。

ケリー：質問をおっしゃってもよろしいでしょうか。

担当者：……。はい、どうぞ。

ケリー：御社ではどのくらいの日本語レベルが必要でしょうか。

担当者：社内のコミュニケーションで困らなければ大丈夫ですよ。

ケリー：そうですか。

担当者：ケリーさんは日本語能力試験は？

ケリー：はい、N1をお持ちしています。

担当者：そうですか、……。

アドバイス

ケリーさんは緊張してしまって、敬語の使い方がおかしくなってしまいましたね。担当者も少しおどろいたと思います。

＊「おっしゃる」は尊敬の表現なので、自分には使いません。
「質問をしてもよろしいでしょうか」でいいですね。

＊ N1を持っているのはケリーさんなので、尊敬表現の「お持ちしています」はおかしいですね。「持っています」でいいです。

敬語に慣れていないと、緊張しているときなどは、間違えやすいですね。面接の練習などで、敬語に慣れておきましょう。

日本語学習のページ

問題1） ①～⑧の下線の言葉を、敬語表現に変えましょう。

例）田中さんはいますか。 → いらっしゃいますか。

①明日の3時にそっちに行きます。

→ ＿＿＿＿＿＿＿＿＿＿。

②必要な宛先は昨日送りました。

→ ＿＿＿＿＿＿＿＿＿＿。

③こちらの資料をもらってもいいですか。

→ ＿＿＿＿＿＿＿＿＿＿。

④御社のホームページを見ました。

→ ＿＿＿＿＿＿＿＿＿＿。

⑤両親はハノイにいます。

→ ＿＿＿＿＿＿＿＿＿＿。

⑥御社の田中課長には先日会いました。

→ ＿＿＿＿＿＿＿＿＿＿。

⑦すみません、知りません。

→ ＿＿＿＿＿＿＿＿＿＿。

⑧私の国へ行かれたとき、何を食べましたか。

→ ＿＿＿＿＿＿＿＿＿＿。

問題2） ①～⑤の下線の言葉を、敬語表現に変えましょう。

A：応募している会社の担当者　　B：あなた

① A：はじめまして、田中です。

B：はじめまして、グェン・ティ・トゥイと言います。

→ ＿＿＿＿＿＿＿＿＿＿。

② A：こちらが弊社の採用に関する資料です。

B：ありがとうございます。今、見てもいいですか。

→＿＿＿＿＿＿＿＿＿＿＿＿＿＿＿＿＿＿＿＿。

③ A：明日弊社まで来られますか。14時以降でお願いしたいんですが。

B：それでは、15時に行ってもいいですか。

→＿＿＿＿＿＿＿＿＿＿＿＿＿＿＿＿＿＿＿＿。

④ A：（会社訪問で）お茶、よかったら飲んでください。

B：ありがとうございます。飲みます。

→＿＿＿＿＿＿＿＿＿＿＿＿＿＿＿＿＿＿＿＿。

⑤ A：いつ日本へ来たんですか。

B：昨年の4月に来ました。→＿＿＿＿＿＿＿＿＿＿＿＿＿＿＿＿＿＿＿＿。

問題3）①～③の＿＿＿＿に敬語を使った言葉を入れて、文を作りましょう。

A：面接官　　B：あなた

① A：何かアルバイトをされていますか。

B：はい、コンビニ＿＿＿＿＿＿＿＿＿＿＿＿＿＿＿＿＿＿＿＿。

② A：弊社のパンフレットをご覧になりましたか。

B：はい、＿＿＿＿＿＿＿＿＿＿＿＿＿＿＿＿＿＿＿＿。

③ A：明日、14時か16時にまたこちらへ来ていただけますか。

B：では、14時＿＿＿＿＿＿＿＿＿＿＿＿＿＿＿＿＿＿＿＿。

第2課　企業担当者との会話マナー

就職活動では、企業の採用担当者と話す機会がたくさんあります。電話の基本マナーや面接についての連絡などが、スムーズにできるように学びましょう。また、ビジネス会話も確認し、正しい情報を収集したり、伝えたりできるようになりましょう。

会社説明会

ジョブフェア

人材紹介会社

御社／貴社⇔弊社

◆目標

・電話のマナーを学び、面接についての連絡などができるようになる
・人材紹介会社訪問やジョブフェアに参加するときの、マナーを身につける
・人材紹介会社訪問時の会話ができるようになる
・ジョブフェアでの質問の仕方を身につける

◆考えてみましょう

就職活動で電話をするとき、どんなことに注意しますか。

敬語で話します。

静かなところでかけます。

それも大切ですね。他にはどんなことがありますか。

あなた

では、会社訪問やジョブフェアに参加するときの注意点はどんなことですか。

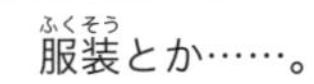

予約の取り方です。

あなた

会社訪問の日時を変更してもらいたいときはどうしますか。

メールします。

あなた

1 電話のマナー

就職活動では、メールやインターネットを使うことも多いですが、電話をかける機会もあります。電話では相手の顔や表情を見ながら話すことができません。明るく、丁寧な言葉づかいで、相手によい印象を与えましょう。

(1) 電話を使用するとき

- メールの返信がないとき
- 面接試験当日の遅刻や欠席の連絡

(2) 電話の基本

- 電話をかける前にメモと筆記用具を用意する（右利きの人は左手で電話を持つ）
- 外からかけるときは、電波状態がよく、静かな場所からかける
- 昼休みや出勤時間（9時ごろ）、退勤時間（17時、18時ごろ）は避ける
- 電話をかける前に相手の部署、役職、氏名を確認する

ポイント 人事部に電話をすると、人事部の誰が電話をとるかわかりません。話す相手に電話をつないでもらうため、相手の役職や氏名は事前にしっかり確認しましょう。

電話を切る前に時間や場所など大切なことは復唱して確認しましょう。
電話を切るときは、相手が切ったのを確認してから切りましょう。

■面接当日の遅刻連絡

ブディさんはA社の面接に行く途中です。電車の事故で面接時間に遅れそうなので、駅のホームからA社の人事部に電話をしました。ブディさんのマナーはどうですか。

担当者：はい、A株式会社人事部でございます。

：すみません。電車の事故で遅れそうです。 ……①

担当者：えっと。どちらさまですか……。

：あ、ブディ・ウィドドです。

担当者：ブディ・ウィドド様……。

：11時から面接なんですが、電車の事故で遅れそうなんです。

担当者：あ、面接ですか。どのくらい遅れそうですか。

：違う電車でいくので……、今、調べてみます。 ……②

担当者：……。すみませんが、時間の確認をしてから、もう一度お電話をいただけますか。

：わかりました。 ……③

ブディさんの電話はどうでしたか。うまくいきませんでしたね。

①まず、自分の名前を名乗りましょう。それから先方にわかるように用件を伝えましょう。

②どのくらい遅れそうか駅員さんに聞いたり、別のルートがあるかどうかスマホのアプリで調べたりして、確認しましょう。

③電車の遅延はブディさんの責任ではありませんが、相手を待たせていますから、お詫びの気持ちを示しましょう。

ブディさんは、次のような電話ができたらよかったですね。

OK

担当者：はい、A株式会社人事部でございます。

：本日11時に面接をお願いしているブディ・ウィドドと申します。……①

担当者：ブディ様ですね。

：すみませんが、電車の事故で遅れてしまいそうです。

担当者：そうですか。どのくらい遅れそうですか。

：地下鉄に乗りかえていくので、11時15分には着くと思います。……②

担当者：確認しますので、少々お待ちください。

・・・

担当者：ブディ様、それでは11時15分にお待ちしていますので、気をつけていらっしゃってください。

：ありがとうございます。ご迷惑をおかけしてすみません。
よろしくお願いします。……③

担当者：では、失礼します。

：失礼します。
（先方の電話が切れたことを確認してから、電話を切る）

ブディさん、今度は上手に電話ができましたね。
特によかった点は、以下のとおりです。

① 名前を名乗ってから、状況の説明ができました。
② どれくらい遅れそうか確認してから電話をしたので、担当者とスムーズに話すことができました。
③ お詫びの気持ちを示すことができました。

■便利な表現

携帯電話で話すときの、便利な表現を覚えておきましょう。

1）相手から電話がかかってきて、メモをとりたいとき。

→申し訳ありません。メモの用意をしたいので、少しお待ちいただけますか。

2）電波の状態が悪くて、相手の声がよく聞こえなかったり、自分の話が相手に伝わらなかったりしたとき。

→ 申し訳ありません。電波の状態がよくないので、一度切ってから、すぐかけ直してもよろしいでしょうか。

3）急に周りがうるさくなって、相手の声がよく聞こえないとき。

→申し訳ありません。急に周りがさわがしくなってしまって……。一度切って、こちらからすぐかけ直してもよろしいでしょうか。

4）相手から電話がかかってきたとき、駅のホームにいて、長く電話ができないとき。

→ 申し訳ありません。今、駅のホームにいますので、静かなところからかけ直してもよろしいでしょうか。

ポイント 電車に乗っているときは、電話に出てはいけません。

相手がかけなおしてもいいといったら、「では、すぐにかけ直します。失礼します。」といって電話を切りましょう。何も言わないで電話を切ってはいけません。

■面接欠席の連絡

面接の欠席はよくないですが、どうしても行くことができない場合は連絡をしましょう。面接日を調整してもらえるか、お願いしてみましょう。

面接欠席の会話例です。____の部分はどんなことを言えばいいか、考えてみてください。

担当者：はい、A株式会社人事部でございます。

：私は ____。

担当者：○○様ですね。

：実は昨晩から熱が出てしまいまして、__________________。

担当者：そうですか。確認しますので、ちょっとお待ちください。

・・・

担当者：お待たせしました。来週あらためて面接の日時を設定しますので、具合がよくなったら、お電話をいただけますか。

：かしこまりました。体調が戻りましたら、__________________。

担当者：はい、お願いします。

：________________________________、ありがとうございます。

担当者：私、川田が承りました。お大事になさってくださいね。

：____。

担当者：では、失礼します。

：____。

面接欠席の連絡をするときは、次のような受け答えができるといいですね。

OK

担当者：はい、A株式会社人事部でございます。

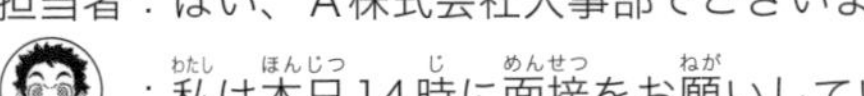

：私は本日14時に面接をお願いしているブディ・ウィドドと申します。

担当者：ブディ様ですね。

：実は昨晩から熱が出てしまいまして、日程を変えていただくことはできないでしょうか。

担当者：そうですか。確認しますので、ちょっとお待ちください。

・・・

担当者：お待たせしました。来週あらためて面接の日時を設定しますので、具合がよくなったら、お電話をいただけますか。

：かしこまりました。体調が戻りましたら、お電話します。

担当者：はい、お願いします。

：面接の調整をしてくださり、ありがとうございます。

担当者：私、川田が承りました。お大事になさってくださいね。

：ありがとうございます。よろしくお願いします。

担当者：では、失礼します。

：失礼します。

面接に行けない理由を具体的に説明しましょう。
また、面接を再設定してもらえた場合には、そのことについてもお礼を言いましょう。

2 人材紹介会社訪問・ジョブフェアのマナー

■訪問時のマナー

ジョブフェアや会社説明会では、その場で面接が行われることがあります。スーツや髪型など、面接に合った服装（→14ページ）で行きましょう。

①ジョブフェア会場・人材紹介会社に入る前

・10分前には到着しましょう。

・コートやマフラーは会社や会場に入る前に脱ぎ、カバンは肩からおろして、手に持ちましょう。

②受付で

・あいさつをし、名乗りましょう。

おはようございます。ABC日本語学校のブディ・ウィドドと申します。

③座る場所

・ジョブフェアではブースに1対1で座るときもあれば、20人くらいの大勢の人と一緒に座るときもあります。たくさん席があるときは、前のほうの中央に座りましょう。あなたの熱意が担当者や企業に伝わります。

④座り方

・背もたれに寄りかからないで、背筋を伸ばして座りましょう。

・カバンはいすの横に置きましょう。

・コートとマフラーはたたんで、いすの背もたれにかけましょう。

■人材紹介会社・ジョブフェアでの会話

人材紹介会社やジョブフェアでも、マナーを守り、敬語をしっかり使って話すことで、よい印象を与えましょう。もし人材紹介会社や企業の担当者に「この学生は印象が悪い」と思われてしまったら、就職は難しくなります。いつも、話し方やマナーには気をつけましょう。

①人材紹介会社での会話―受付

受　付：いらっしゃいませ。／こんにちは。
シュウ：失礼します。／こんにちは。
　　　　シュウ・ライと申します。高橋様と14時にお約束をしています。
受　付：シュウ・ライ様ですね。そちらにおかけになってお待ちください。
シュウ：ありがとうございます。
・
・
・
高　橋：シュウ・ライさんですね。お待たせしました。高橋です。
シュウ：はじめまして、シュウ・ライです。よろしくお願いします。
高　橋：こちらへどうぞ。

▶シュウさんのパートをよく練習しましょう。

②人材紹介会社での会話―簡単な自己紹介

高　橋：そちらにおかけください。
シュウ：ありがとうございます。失礼します。
高　橋：まず、簡単に自己紹介をしていただけますか。
シュウ：はい。中国からまいりました留学生のシュウと申します。中国の大学では日本語を専攻していました。現在はABC日本語学校で、日本語を学んでおります。

▶シュウさんを例に、簡単な自己紹介を考えてみましょう。 DL▶3-01

③ジョブフェアでの会話―質問の仕方

ジョブフェアなどで、企業担当者の説明が終わったあと、質問を受けつける場合があります。質問があれば、積極的に質問しましょう。

- ・質問がある場合は、しっかり手を挙げて、指名されてからその場で立ち上がります。
- ・学校名、名前、あいさつを言ってから、質問をします。
- ・回答をもらったら、お礼を言っておじぎをし、それから着席します。

担当者：何か質問がありますか。
学　生：（黙って、手をしっかり挙げる）
担当者：では、そちらの方。
学　生：（立ち上がって）△△学校の○○と申します。本日は貴重なお話をありがとうございました。＿＿＿＿＿＿＿＿＿＿＿＿について教えていただけますでしょうか。
担当者：＿＿＿＿＿＿です。
学　生：わかりました。ありがとうございました。
（おじぎをして、着席）

▶ジョブフェアでは、「来場者カード」のようなものを受け取り、企業からの説明の後に提出をする場合があります。空欄がないように、すべての項目を丁寧に書きましょう。

「来場者カード」には名前やメールアドレス、電話番号、住所などの連絡先、また学校名などを書くことが多いです。書き終わったら、必ず見直しをしてください。もし文字や文法を間違えていたら、直しましょう。鉛筆で書いた場合は、消しゴムで消して直します。ボールペンなどで書いた場合は、修正テープを使ってもいいです。日本語の間違いが多いと、カードを受け取った担当者は、あなたの日本語力を不安に思い、マイナスの印象を持つかもしれません。

まとめ **電話のマナーを身につけ、自信をもって電話で面接についての連絡ができるようになりましょう。また、人材紹介会社やジョブフェア訪問時のマナーも実践できるようにしましょう。**

目標達成チェック

- □電話の基本マナーがわかった
- □面接当日の遅刻や欠席の電話ができる
- □ジョブフェアに参加するときのマナーがわかった
- □人材紹介会社訪問時の会話ができる
- □ジョブフェアでの質問の仕方がわかった

ケーススタディ

電話のマナー

ケース

ブディさんが電車に乗っているとき、電話がかかってきました。採用試験を受けている会社の担当者（小山さん）からでした。

ブディ：はい、ブディです。
担当者：B株式会社の小山ですが、ブディさん、お時間よろしいですか。
ブディ：はい、今電車に乗っているところですが、大丈夫です。
担当者：電車の中ですか……。
ブディ：はい。でも空いていますし、座っているのでメモもとれます。大丈夫です。
担当者：……。

アドバイス

ブディさんは、せっかくかけてもらった電話なので、電車の中でも電話を続けようとしました。でも、電車の中で電話をするのは、マナーがよくないですね。

担当者の小山さんは、ブディさんが、日本のマナーを知っているか、少し不安になりました。また、小山さんはブディさんが入社してからも、仕事中に電話のマナーを守れるかどうか、心配に思いました。

採用試験を受けている会社からの電話でも、電車の中で電話に出てはいけません。電車をおりてから、静かなところで電話をかけなおして、「すみません。電車に乗っていたので、電話に出ることができませんでした。」と説明できるとよかったですね。

大切な電話はやはり、静かなところで、落ち着いてしたほうがいいです。

日本語学習のページ

問題　あなたは今日、C株式会社の面接がありますが、電車の遅延で面接の時間に10分ぐらい遅れそうです。①～⑤の下線部でどんなことを言えばいいか、考えて書いてください。

担当者：はい、A株式会社人事部でございます。

あなた：①本日15時に＿＿＿＿＿＿＿＿＿＿＿＿＿＿＿＿＿＿＿＿＿＿＿＿＿＿

＿＿＿＿＿＿＿＿＿＿＿＿＿＿＿＿＿＿＿＿＿＿＿＿＿＿＿＿＿＿＿＿。

担当者：○○様ですね。

あなた：②＿＿＿＿＿＿＿＿＿＿＿＿＿＿＿＿＿＿＿＿＿＿＿＿＿＿＿＿＿＿＿＿。

担当者：そうですか。どのくらい遅れそうですか。

あなた：③＿＿＿＿＿＿＿＿＿＿＿＿＿＿＿＿＿＿＿＿＿＿＿＿＿＿＿＿＿＿＿＿。

担当者：確認しますね。

・・・・・・

○○様、10分ぐらい遅れるということで、承知しました。

お待ちしていますので、気をつけていらっしゃってください。

あなた：④＿＿＿＿＿＿＿＿＿＿＿＿＿＿＿＿＿＿＿＿＿＿＿＿＿＿＿＿＿＿＿＿。

担当者：では、失礼します。

あなた：⑤＿＿＿＿＿＿＿＿＿＿＿＿＿＿＿＿＿。

第3課　企業担当者とのメールのマナー

就職活動ではメールをよく使います。しかし、普段友達とやりとりをするメールとは、書き方が違います。メールのマナーを学んで、企業担当者にいい印象を与えましょう。また、必要な書類を郵送するときのマナーも学びましょう。

目標

・メールのマナーを学び、正しい形式でメールが書けるようになる
・メールを使って必要な書類を送れるようになる
・証明書などを郵送するときの注意点がわかる

◇考えてみましょう

就職活動では、どんなときにメールをしますか。
面接の連絡です。
あなた
ビジネスメールを書くとき、注意することは何ですか。
文法を間違えないようにします。
相手の名前を間違えないようにします。
あなた
メールのマナーで気をつけることはどんなことですか。
絵文字は使わないよね。
夜中にメールしてはいけないのかな……。
あなた

1 メールのマナー

メールは便利ですが、間違えた内容を送ってしまうと、印象が悪くなります。よく読み直して、しっかり確認をしてから送るようにしましょう。

（1）メールを使用するとき

・企業への応募や書類の提出
・企業からのスケジュール確認などへの返信
・採用試験に関する質問や問い合わせ

（2）メールの基本

・急ぎの用件は、メールではなく電話をする。
・就活中は１日１回メールを確認する。
・メールの返信は、原則24時間以内にする。
・早朝や深夜にはメールしない。
・わかりやすい件名をつける。ただし、返信の場合は件名を変えずに「Re:（元の件名）」とする。
・相手が読みやすいように、長い文は途中で改行したり、１行あけたりする。
・添付ファイルがあるときは、添付を忘れないようにする。
また、添付ファイルにはわかりやすい名前をつけ、かっこで自分の名前を加える。
・添付ファイルを送るとき、本文を必ず書く。
・送信前に、送信先および誤字脱字がないか確認する。

ビジネスメールでは「！」「？」などの記号は使わないようにしましょう。「(^^)」や「(^o^)」のような顔文字も使ってはいけません。

パソコンやメールについて、いくつかアドバイスします。

1）就活用にメールアドレスをとりましょう。
- 日本で一般的に使われているドメインを使いましょう。
- @の前は、自分の名前など、わかりやすくしましょう。

  カジュアルなアドレスは避けましょう。

  よい例）sara_rossi@xxx.co.jp

  悪い例）japan_love@xxx.co.jp

2）日本でよく使われているフォントを使いましょう。

  例）ゴシック、明朝、メイリオ（Meiryo）など

3）よく使う言葉を覚えておきましょう。
- また私のパソコンがフリーズした。
- 再起動してみてください。
- 文字化けしてしまって、読めません。

フリーズする：コンピュータが動かなくなって、キーボードやマウスを操作しても、何も変わらない状態になること。「かたまる」とも言う

再起動：コンピュータの操作をやめて、電源を入れなおすこと

文字化け：送受信したメールの文字が他の文字や、意味のわからない記号に変わって、読めないこと
ローマ数字（Ⅰ、Ⅱ…）や丸付数字（①、②…）は文字化けしやすいので気をつけましょう。

・このほか、文などをコピーして、別の場所に貼ることを、「コピー＆ペースト」の略で「コピペ」と言うことがあります。

■求人への応募

サラさんは株式会社AAAのホームページで求人情報を見て、メールで応募しました。サラさんのメールのマナーはどうですか。少し問題がありますね。

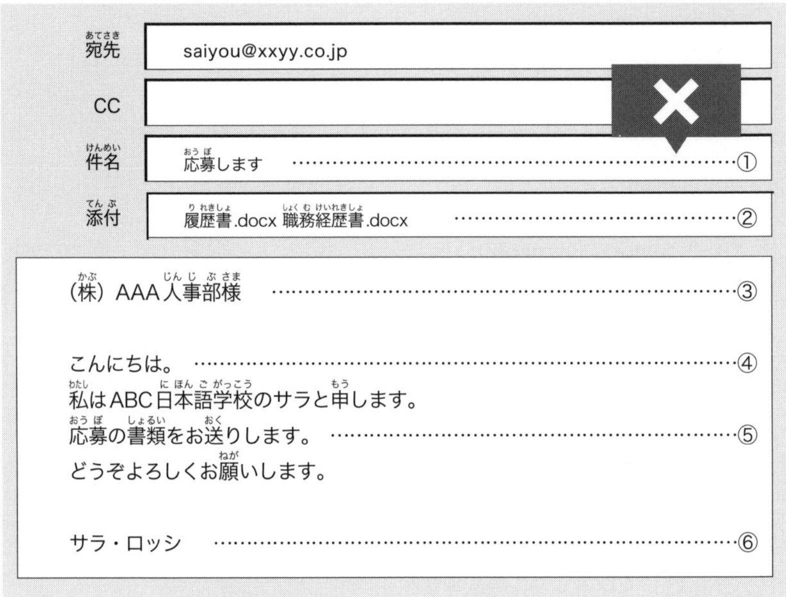

宛先　saiyou@xxyy.co.jp

CC

件名　応募します　……①

添付　履歴書.docx 職務経歴書.docx　……②

(株) AAA人事部様　……③

こんにちは。　……④
私はABC日本語学校のサラと申します。
応募の書類をお送りします。　……⑤
どうぞよろしくお願いします。

サラ・ロッシ　……⑥

①件名：これでは用件がよくわかりません。わかりやすい件名にしましょう。
②添付書類は文書ファイルではなく、PDFファイルにしたほうがいいです。
③（株）と省略しないで、株式会社と書きましょう。
④就職活動のメールでは「こんにちは」は使いません。
⑤どこで求人情報を見て、どうして応募しようと思ったのか丁寧に書きましょう。
⑥自分の住所や携帯電話の番号、メールアドレスなども書きましょう。

サラさんはホームページで求人情報を見て、メールで応募しました。

宛先	saiyou@xxyy.co.jp
CC	
件名	貴社求人への応募（サラ・ロッシ）
添付	履歴書（サラ・ロッシ）.pdf　職務経歴書（サラ・ロッシ）.pdf

OK

株式会社AAA
人事部御中

突然のメールで失礼いたします。
私はABC日本語学校に在籍しているサラ・ロッシと申します。

貴社のホームページで求人情報を拝見しました。
グローバルに展開されている貴社の営業職にぜひ応募させていただきたく、ご連絡しました。

応募書類を添付でお送りしますので、ご確認いただけますでしょうか。
添付：履歴書、職務経歴書

どうぞよろしくお願いします。

＝＝＝＝＝＝＝＝＝＝＝＝＝＝＝＝＝＝＝＝＝＝＝＝＝＝
ABC日本語学校　サラ・ロッシ
Email：sara_rossi@xxx.co.jp
住所：〒123-4567　東京都文京区後楽〇丁目〇番〇号
携帯：090-XXXX-XXXX
＝＝＝＝＝＝＝＝＝＝＝＝＝＝＝＝＝＝＝＝＝＝＝＝＝＝

サラさん、今度のメールはいいですね。
次のページでメールの構成とポイントを見てみましょう。

■メールの構成とポイント

①宛先

②件名

③添付

④本文：

a　宛名
b　あいさつ文
c　主文
d　結びの言葉
e　署名

①宛先のメールアドレスは、半角や全角、「 - 」や「_」（アンダーバー）などを間違えないように入力しましょう。

②一目で内容がわかる具体的、かつ簡潔な件名にしましょう（20字程度）。

③ファイルを添付するときは、ファイル名に自分の名前を入れるとわかりやすいです。また、文書ファイルは、PDFに変換して送ると、文字化けが防げます。

④-a 宛名は、相手の会社名、部署名、個人名の正式名称を書きます。会社と部署名の後には「御中」、個人名の後には「様」を書きます。

宛名の例）	会社宛	：	○○株式会社御中
	会社＋部署宛	：	○○株式会社 人事部御中
	会社＋部署＋個人宛	：	○○株式会社 人事部 山田様

b あいさつ文は、礼儀正しい言葉で短く書きましょう。

あいさつ文の例）・突然のメールで失礼いたします。
・初めてメールをいたします。

c 主文には、メールを書いた目的を書きます。また、添付ファイルがある場合は、本文に添付した資料の名前を書きましょう。

d お願いするメールの結びの言葉は、「どうぞよろしくお願いします。」と書きます。

e メールの最後に、所属、名前、住所、メールアドレス、携帯電話などの必要情報を書きます。就職活動用のフォーマットを作っておくと便利です。

■会社からの会社説明会についての連絡と、それに対する返信

シュウさんは、BBB株式会社の説明会に申し込みをしました。翌日、BBB株式会社から下のメールが来ました。

＜会社からの連絡＞

件名	弊社会社説明会の申し込みについて（BBB株式会社）
添付	

ABC日本語学校
シュウ・ライ様

私はBBB株式会社人事部の山下と申します。
この度は弊社の会社説明会にお申し込みをいただき、ありがとうございます。

大変申し訳ございませんが、
8月23日10時からの説明会は満員になってしまいました。
翌日の24日の11時と14時にも、同じ会場で説明会を予定しておりますが、
シュウ様のご都合はいかがでしょうか。

ご検討をよろしくお願いします。

BBB株式会社
人事部　山下春子
住所：・・・・・
電話：・・・・・　　　email：・・・

会社からのメールは大切な情報が書かれています。
読み間違いがないように、しっかり確認しましょう。

シュウさんはBBB株式会社の山下さんに返信をしました。シュウさんのメールはどうですか。内容は伝わりますが、書き方のマナーは少し問題がありますね。

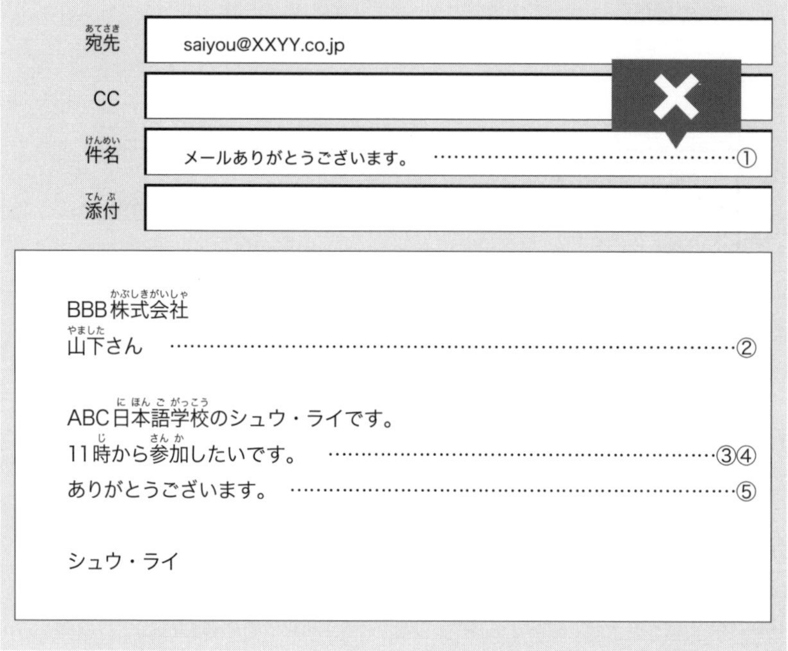

宛先 saiyou@XXYY.co.jp

CC

件名 メールありがとうございます。 ……①

添付

BBB株式会社
山下さん ……②

ABC日本語学校のシュウ・ライです。
11時から参加したいです。 ……③④
ありがとうございます。 ……⑤

シュウ・ライ

① 受け取ったメールの件名と同じ内容について返信をするときは、件名を変更しません。
② 相手の会社名、部署名、お名前は、正しく書きましょう。
③ 用件に入る前に、メールをもらったお礼を述べましょう。
④ 日時の間違いを避けるために、必ず「〇月〇日〇時」のように書きましょう。
⑤ 自分の希望を伝えるメールでは、最後に「よろしくお願いします」と書きます。

「株式会社」の位置に注意。日本の会社の名前について、「〇〇〇株式会社」というように会社名が前にある場合と、「株式会社〇〇〇」と会社名が後ろにある場合があります。しっかり確認しましょう。

シュウさんは、次のような返信が書けたらよかったですね。

＜シュウさんの返信＞

OK

件名　Re：弊社会社説明会の申し込みについて（BBB株式会社）

添付

BBB株式会社
人事部　山下春子様

ABC日本語学校のシュウ・ライです。
貴社の会社説明会について、ご連絡をいただきありがとうございます。

それでは、8月24日11時からの説明会に参加させていただけますでしょうか。
機会をいただき、誠にありがとうございます。

どうぞよろしくお願いします。

=============================
ABC日本語学校　シュウ・ライ
Email：shu_rai@xxx.co.jp
住所：〒123-4567　東京都新宿区西新宿0−0−0　△△マンションXXX号
携帯：090-XXXX-XXXX
=============================

会社名、担当者名は省略しないで書きましょう。
日付や内容に間違いがないか、確認をしてから送信しましょう。

2 書類の送付

会社に書類などを出すときは、持参・メール・郵送のパターンがあります。会社の指示に従って提出してください。ここでは、郵送の注意点を確認しましょう。

■郵送（添え状、封筒）

封書で送る場合は、書類だけでなく添え状（カバーレター）を一緒に送ります。

＜添え状の例＞

パソコン作成でOK

20XX年X月X日

株式会社EEE
人事部　山下まどか様

〒123-4567
東京都新宿区西新宿0丁目0番0号
△△マンション×××号
Tel：090-XXXX-XXXX
シュウ・ライ

応募書類の送付について

拝啓　貴社ますますご清栄のこととお慶び申し上げます。

ご指示いただきました書類をお送りします。ご確認いただけますよう、よろしくお願いします。

敬具

同封：大学卒業証明書
　　　成績出席証明書

＜封筒の書き方＞

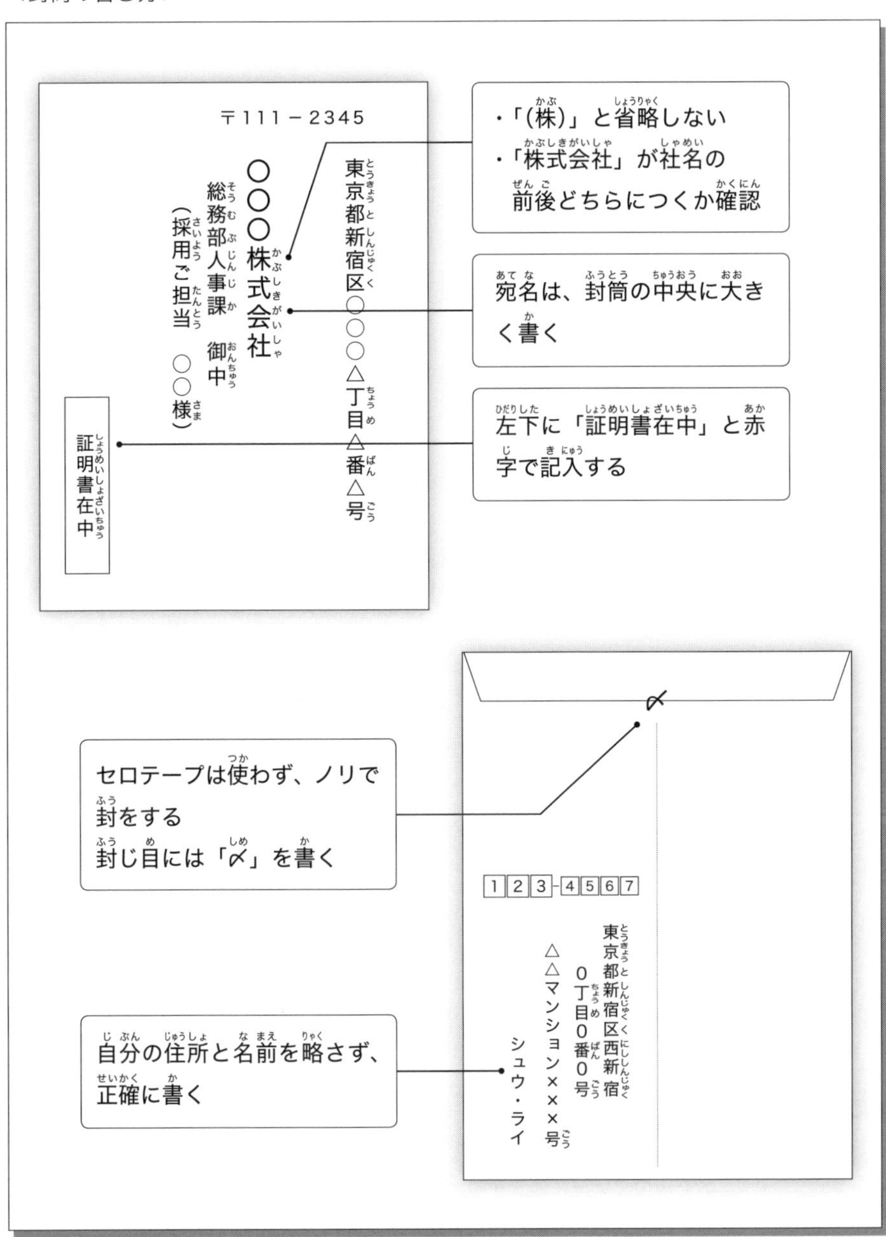
〒111－2345
東京都新宿区○○○△丁目△番△号
○○○株式会社
総務部人事課　御中
(採用ご担当　○○様)
証明書在中
・「(株)」と省略しない
・「株式会社」が社名の前後どちらにつくか確認
宛名は、封筒の中央に大きく書く
左下に「証明書在中」と赤字で記入する
〆
セロテープは使わず、ノリで封をする
封じ目には「〆」を書く
123-4567
東京都新宿区西新宿0丁目0番0号
△△マンション×××号
シュウ・ライ
自分の住所と名前を略さず、正確に書く

間違いがないように、十分に確認してから送りましょう。

★書類を送る前にチェックしよう！

□相手の住所や会社名、担当者名は正しいか

□その他の記載内容に間違いがないか

□添え状と必要な書類が入っているか

□提出期限に間に合うかどうか

→提出期限までに余裕がない場合は、速達などを使って早く提出できるように対応しましょう。

まとめ　メールのマナーを知って、印象のよいメールを送れるようになりましょう。必要な書類もマナーを守って提出しましょう。

目標達成チェック

□ メールのマナー、形式がわかった

□ 資料請求とお礼のメールが書けるようになった

□ 会社説明会申し込みのメールが書けるようになった

□ メールで履歴書などを送るときの注意点がわかった

□ 証明書などを郵送するときの注意点がわかった

メールの送信

ケース

シュウさんはある会社にメールでエントリー書類を送ったのですが、次のようなメールが返ってきました。

> シュウ・ライ様
>
> この度は弊社求人に応募いただき、ありがとうございます。
> 書類を添付されたということですが、こちらでいただいた
> メールには添付書類がありませんでした。
> ご確認いただけますでしょうか。
> よろしくお願いします。
>
> ---------------------
> 株式会社GGG
> 人事部採用担当　〇〇

シュウさんは締め切りギリギリで送ったため、確認不足で添付を忘れてしまったようです。

書類不備で不合格になっても仕方がないところでした。

ホッとしたシュウさんは、すぐに書類を送るために、メールを打ち始めました。今度は添付も確認して、次のページのようなメールを送信しました。その後、シュウさんは安心して、買い物に行きました。

株式会社GGG
人事部採用担当　〇〇様

ABC日本語学校に在籍しているシュウと申します。
この度は、書類の添付がなく、大変失礼いたしました。
あらためて、書類をお送りします。
ご確認いただけますよう、よろしくお願いします。

シュウ・ライ

帰宅してパソコンを見たら、株式会社GGGからまたメールが来ています。

シュウ・ライ様

先ほどお送りいただいた書類を確認いたしました。
残念ながら、今回は面接を設定することができません。
シュウ様の今後のご活躍を期待しております。

株式会社GGG
人事部採用担当　〇〇

シュウさんは自信があったのに、面接に進むことができませんでした。念のため、先ほど送ったメールを確認したところ、シュウさんが添付した書類は、GGG社ではなくYYY社のために書いたものでした。もちろん、内容もYYY社に合わせて書いてあります。これでは、GGG社の面接は受けられませんね。

アドバイス

メールを使えば簡単に書類を送れます。簡単だからこそ、宛先や名前、添付書類は正しいかどうか、しっかりと確認をしましょう。

日本語学習のページ

次のメールは会社に送るメールです。内容を読んで、正しいほうに○をつけてください。

例）（弊社／(貴社)）のホームページを拝見しました。

問題1）　求人応募のメール

件名：（　よろしくお願いします　／　貴社求人への応募　）

株式会社HHH
総務部人事課（　様　／　御中　）

（　こんにちは　／　初めてメールをいたします　）。
私はABC日本語学校に在籍しているサラ・ロッシと申します。

応募書類を（　添付　／　挿入　）でお送りしますので、ご確認いただけますでしょうか。

どうぞよろしくお願いします。

ABC日本語学校　サラ・ロッシ

問題2）　会社説明会についてのメールに対する返信

件名：(　メールありがとうございます。／　Re:　弊社説明会の件　)

(　株式会社HHH／（株）HHH　)
総務部人事課　石田（　御中　／　様　）

ABC日本語学校のシュウ・ライ（　と申します　／　です　）。
(　弊社　／　貴社　）の会社説明会についてご連絡いただきありがとうございます。

それでは、(　説明会は14時からです　／
7月20日の14時からの説明会に参加いたします　）。

また、説明会の後の個別相談会についても
(　教えていただき　／　教えてくれて　）、ありがとうございます。

(　どうぞよろしくお願いします!!!　／
どうぞよろしくお願いします。）

シュウ・ライ

留学生の先輩の
就活体験談

本を読んで、就職活動のやり方はわかったけれど、実際はどうなんだろう……と心配していませんか。元留学生の3人に日本の就職活動の感想や、内定獲得のポイントを話してもらいました。

◆シオンさん
中国出身。中国で10年働いた後に留学。マーケティング関連企業に内定。

◆ダリアさん
ロシア出身。大学卒業後に留学。来日2年目で貿易会社に内定。

◆オスカーさん
中国マカオ出身。大学の専攻は日本語。第2新卒として、IT企業に内定。

ポイント1 とにかくたくさんエントリーする

シ： 就活を始めてから内定をもらうまで、どのくらい時間がかかった？

オ： 半年ぐらいかな。4月に日本へ来て、すぐに仕事を探し始めたけど、内定がもらえたのは、10月末だったよ。ダリアさんは？

ダ： 私は4か月くらい。9月から就活を始めて翌年の1月に内定をもらった。実は、内定をもらう前に、会社からアルバイトを勧められて…。アルバイトをした後、正式に内定をもらうことができたんだ。

シ： 就職する前に、同じ会社でアルバイトできるのはいいね。

ダ： シオンさんは？

シ： 私は就職活動をするまでの心の準備に3か月かかって、実際に仕事を探し始めたのは10月。11月から応募を始めて、1月に内定をもらった。

オ：えっ、それじゃ、実際に就活したのは3か月だけ？

シ：そう。実は就活を始めた最初の1か月、5社応募して、面接に進めたのは2社だけだった。日本は、書類選考の通過率がとても低い。それに、面接に進めても、3次面接になって落ちたりする。これは時間がかかると思ったので、戦略を変えた。

ダ：どんなふうに？

シ：まず就活サイトに3つ登録して、たくさんエントリーしたの。エントリーした会社は、200社以上。そうしたら、企業から面接のオファーが次々と来たんだ。

オ：僕もエントリーしたのは、150社くらい。僕は大学の専攻が日本語だったから、日本語以外、特別なスキルがない。それで、いろいろな業界に挑戦したいと思って、とにかくたくさんエントリーした。

シ：仕事ができるかどうかは会社の人が決めることだから、どんどんチャレンジすることがポイントかもね。

ポイント2 前向きに行動することが大事

シ：面接はどうだった？

オ：緊張しすぎて、言いたいことが全然言えなかった。企業研究が十分じゃなくて、答えられないことも結構あったし。

ダ：私もすごく緊張したな。特に就活を始めたばかりのころは、面接のマナーを全部覚えて、その通りにやらなきゃいけないと思っていたから。でも途中で、マナーばかり考える必要はないと気づいた。

シ：そう、気にしすぎると逆効果になっちゃう。それに、日本の面接官は、ほとんど悪いことを言わない。だから、面接が終わった後、受かったか受からなかったかは考えないほうがいいよね。

オ：確かに。僕は面接で1時間話して、2次面接に進めるかもと期待したら、落ちたことがある。逆に、内定をもらった会社は、面接直後は落ちたと思ったけど、採用通知が来て、信じられなかった。

ダ：それはすごい。あと、面接の結果が出てから、次の会社を探すのではなくて、次々と受けるのもポイントだと思う。日本は、選考期間がすごく長いから。

シ：そうだね。もし不採用になっても、自分のせいじゃないって考えたほうがいい。

オ：面接は運もあるよね。

ダ：前向きに行動することが大事だよね。

ポイント3 就活の経験はこれからも生かせる

オ：就活が終わった今、思うことは？

ダ：日本語がうまくなったと思う。それに、日本語でコミュニケーションすることに自信が持てるようになった。

オ：確かに。でも、就活中、職歴やスキルがあったほうがもっとスムーズに就活できたかも、とは思った。

シ：そんなことないよ。私は働いた経験があったけど、新卒の人がうらやましかった。新卒のほうが、より多くの選択肢があるから。

オ：そうかなあ。

シ：お互いに自分が持っていないものをほしがるのかもしれないね。

ダ：仕事の経験がなくても、日本語力が高くなくても、働きたいという意思が強ければ、内定が出る可能性は高いと思う。あとは、辛抱強さも大切。

オ：そうだね。やればできるという気持ちが大切だよね。シオンさんの就活はどうだった？

シ：勉強になったと思う。私は日本に来る前、履歴書を書いたり、面接を受けたりした経験がなくて。

ダ：そうなんだ。

シ：そう。だから、就職活動は、全部ゼロから学んで、実践して、改善して……という繰り返し。今、就活は終わったけど、これからもこういうやり方は通用するかなと思ってるよ。

オ：就活以外にも生かせるということ？

シ：そう。日本語の勉強でも、人生でも、生かせる技だと思う。

留学生のQ＆A③

講師：工藤 尚美 先生

Q 敬語が正しく使えない人は採用されませんか。どんな話し方がいいですか。

A 採用されないとはいえませんが、失礼な話し方をすると、マナーを知らない人だと思われるでしょう。敬語は相手を思いやる表現です。敬語を間違えると、相手に失礼になります。敬語のなかでも、「です」「ます」など、丁寧語はきちんと使えるようになりましょう。

企業が求める人材は、話をきちんと聞き、わからないところをきちんと質問する人。そして、自分の意見をきちんと伝えることができる人です。そのような人は、就職してからも成長を続けると考えられるので、採用されやすいでしょう。

企業によっては、選考の過程でグループディスカッションがあります。そこでは「どのようなタイミングで意見を言うか」、「グループ内での役割を果たせているか」などがチェックされます。周りの人の話をよく聞きつつ、自分の意見が述べられるといいですね。

Q 会社説明会やジョブフェアに参加するとき、気をつけることはありますか。

A 説明会を行う会社や関心のある企業の情報を、ホームページなどで事前にしっかり調べてから参加しましょう。募集要項はもちろん、企業理念、事業内容、沿革なども必ず確認しておきます。ジョブフェアでは、できるだけたくさんの企業のブースで話を聞き、わからないことや知りたいことがあれば、積極的に質問しましょう。今まであまり関心がなかった分野でも、自分の力をいかせる会社が見つかるかもしれません。

第4章

自己分析・志望動機・自己PR

第1課　自己分析

業界や企業を選ぶとき、自分にその仕事が向いているかどうか、そこでどんな貢献ができるのか考えてみましょう。そのためには、まず自分自身をよく知ることが必要です。

自己分析　適性　長所　短所　エピソード

目標

- 自己分析により、自分自身のさまざまなことを知る
- 自己分析でわかったことを就職活動でどういかしたらいいかを考える

考えてみましょう

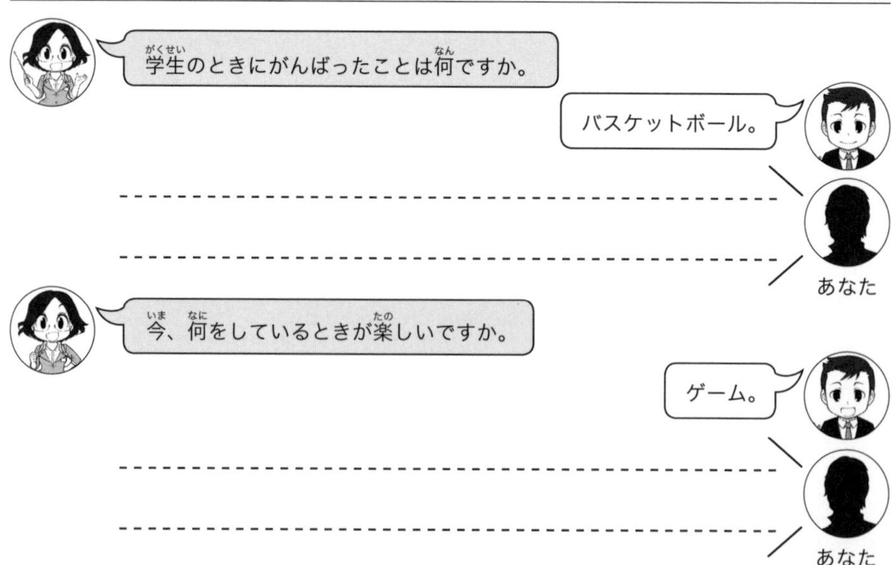

学生のときにがんばったことは何ですか。
バスケットボール。
あなた
今、何をしているときが楽しいですか。
ゲーム。
あなた

1 「自己分析」とは

自己分析とは、自分の過去や現在のことを振り返り、自分自身のことをよりよく知ることです。

(1) なぜ「自己分析」をするのか

就職活動でのエントリー、面接などで、自己紹介や自己PRをします。そのときに自分のことがよくわかっていれば、くわしく話すことができます。

また、どんな業種、職種を選ぶのか、または向いているのか（向いていないか）を知るために、自分自身の好きなこと（または好きではないこと）や適性を知ることは大切です。

(2)「自己分析」をどう使うのか

エントリーシート、履歴書、志望理由、面接の内容に、「自己分析」からわかったことを書きます。自己分析ができれば、その業界や職種を選んだ理由や、そこで自分にはどんなことができるのかなど、自分にしか書けないオリジナルの内容になるでしょう。

(3)「自己分析」のやり方

「個人史」をつくります。「個人史」とは、自分が今まで経験したこと、考えたことなどを、時代ごとに書くものです。１人で考えて書いた後は、ほかの人に見てもらうといいでしょう。自分のことは意外と自分ではわからないものです。ほかの人の意見を聞くことで、新しく気づく自分の一面があるはずです。

① 自分の年表をつくります。

例）19XX年生まれ → 20XX年○○小学校入学 → 20XX年○○小学校卒業 → 20XX年○○中学校入学 → …… 201X年来日……

② それぞれの時代に、何をしていたか、何が好きだったか、どんな気持ちだったかなどを書きます。

③ ①②から、自分自身の特徴を考えます。

④ ほかの人からの意見も聞き、③を見直します。

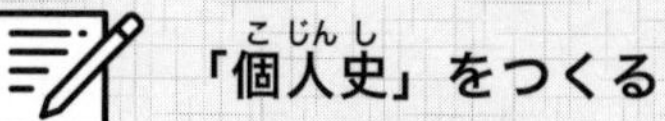

「個人史」をつくる

例）シュウさんの年表

① 自分の年表をつくりましょう。

年	国（地域）	できごと
1996	中国・大連	誕生
2003	中国・大連	○○小学校　入学
2009	中国・大連	○○小学校　卒業
2009	中国・大連	○○中学校　入学
2012	中国・大連	○○中学校　卒業
2012	中国・大連	○○高等学校　入学
2015	中国・大連	○○高等学校　卒業
2015	中国・北京	○○大学○○学部　入学
2019	中国・北京	○○大学○○学部　卒業
2019	中国・上海	○○社　入社
2023	中国・上海	○○社　退職
2024	日本・東京	来日、ABC日本語学校　入学

② それぞれの時代に何をしていたか、何が好きだったかなどを書きましょう。

	小学生	中学生	高校生	大学生	社会人
一番楽しかったこと	家族旅行（北海道）		彼女との時間	アルバイト（通訳）	日本人との交流
助けてくれた人			彼女 クラスメイト	アルバイト先の友達	会社の先輩
一番大変だったこと		友達をつくること	勉強	卒業論文	仕事の日本語
一番いやだったこと	歯医者	いじめ	受験勉強のプレッシャー		
得意だったこと	水泳	水泳		接客	プレゼンテーション
趣味、熱中したこと	ゲーム	バスケットボール	音楽（J-POP）	アルバイト	
日本語・日本文化とのつながり	日本のゲーム	日本のアニメ	日本のドラマ、アイドル	JLPT N2→N1合格	日本のアニメ

③ ②から、自分の特徴だと思うことを書きましょう。

・スポーツが好き、得意
・友達をつくることが大変だったが、明るい性格へ
・日本の文化（サブカルチャー）が好き
・人前で話すのが好き
・日本人とうまくコミュニケーションができる

④ ①～③から、自分自身の特徴を考えましょう。

自分の特徴だと思うこと	どうしてそう思う？（エピソード）	就職活動でアピールするとしたら？
スポーツが好き、得意	スポーツをすると気持ちがいい	体を動かすことは苦にならず、チームワークの大切さを知っている
友達を作ることが大変 明るい性格	おとなしくて自分から話しかけられなかったが、いい友達に出会って明るくなった	一方的なコミュニケーションではなく、相手のことを考えながら接することができる
日本の文化 （サブカルチャー）が好き	日本の文化に小さいころから触れていて、その魅力を知っている	日本のゲームやアニメ、ドラマなどが好きで、そこから日本文化を学んだ
人前で話すのが好き	自分の言いたいことがきちんと伝わったと感じたときに、達成感がある	人前で話すとき、自分の意図がきちんと伝わるように気をつけることができる
日本人とうまく コミュニケーションができる	日系企業で働いていたとき、日本人とのトラブルはなかった	日系企業で日本人の働き方を見ていたから、日本人の考え方が理解できる

116～117ページを参考にして、個人史をつくってみましょう。

① 自分の年表をつくりましょう。

DL ▶ 4-01

年	国（地域）	できごと
		誕生

② それぞれの時代に何をしていたか、何が好きだったかなどを書き出しましょう。

DL▶4-02

	小学生	中学生	高校生	大学生	社会人
一番楽しかったこと					
助けてくれた人					
一番大変だったこと					
一番いやだったこと					
得意だったこと					
趣味、熱中したこと					
日本語・日本文化とのつながり					

③ ②から、自分の特徴だと思うことを書きましょう。

④ ①〜③から、自分自身の特徴を考えましょう。 DL ▶ 4-03

自分の特徴だと思うこと	どうしてそう思う？	就職活動でアピールするとしたら？

⑤ ④について、周りの人の意見も聞いてみましょう。

⑥ 自己分析をして、あなたの特徴だと思うことを書きましょう。

例）シュウさんの特徴

DL▶4-04

1	**得意だと思うこと** ・人とコミュニケーションをうまくとること ・言いたいことがどうしたら伝わるかを考えること ・体を動かすこと **苦手だと思うこと** ・勉強などを1人で行うこと ・プレッシャーがかかること
2	**長所** ・相手の気持ちを考えながら人と接することができる ・チームワークを大切にして行動することができる **短所** ・プレッシャーに弱い →心配しすぎないように、計画を立てて進み具合を確認しながら進めるようにしている
3	**仕事にいかせると思うこと** ・日系企業での勤務経験があるので、日本人の仕事の仕方などを知っている ・コミュニケーションが必要とされる職種なら、自分の長所をいかせる

まとめ どんな仕事が向いていて、自分にはどんなことができるのかは急に答えられません。今までの自分を時間をかけて振り返り、「好きなことは何か」「どうしてそれが好きなのか」などを考えることで、仕事とのつながりが見えてきます。自己分析をしっかり行うことは、今後の就職活動にきっと役に立つでしょう。

目標達成チェック

- ☐ 自己分析により、自分自身のことを知ることができた
- ☐ 自己分析でわかったことを就職活動でどういかしたらよいかわかった

自己分析

ケース

アインさんはベトナムで大学を卒業したあと、日本へ来ました。大学では日本語と英語を勉強したので、どちらの言語でもコミュニケーションができます。今は、日本語学校に通いながら、就職活動をしています。

アインさんは、日本語、英語をいかせる仕事を探しています。できるだけ大きな会社に入って、安定した生活をしたいと考えています。

先日、アインさんはA社の面接試験に行きました。

面接官：この会社に入ったら、会社にどんな貢献ができると思いますか。
アイン：母語以外に、日本語と英語ができます。
面接官：それで？
アイン：通訳や翻訳ができます。
面接官：……なるほど。では、自己PRをお願いします。
アイン：私は忍耐強く、最後まであきらめず課題に取り組む自信があります。
面接官：なぜ、そう思ったのですか。
アイン：それは……今まで、ずっとそうだったからです。
面接官：……そうですか。

数日後、A社からアインさんに不採用の連絡がきました。

アインさんは、今までまじめに勉強してきて、大学もよい成績でした。

アインさんのどこがいけなかったのでしょうか。

アドバイス

アインさんは日本語や英語ができること以外にも、忍耐強いとアピールしています。しかし、「どうしてそう思ったか」という面接官の質問にきちんと答えられませんでした。

自分自身を「忍耐強い」と思った出来事を書いて整理しておけば、面接官が納得できるように話せていたかもしれません。

日本語学習のページ

長所を表す言葉		短所を表す言葉
明るい	やさしい	負けずぎらい
まじめ	前向き	マイペース
努力家	社交的	人見知り
忍耐力がある	思いやりがある	恥ずかしがりや
積極的	協調性がある	消極的

1　長所・短所の言い方

「長所・短所」は面接のときによく聞かれます。具体的なエピソードをつけて説明すると、説得力があります。

1）長所を説明する

①私の長所は＿＿＿＿＿ところです。

・私の長所は、忍耐力があるところです。大学生のときにしたアルバイトでも、初めはつらいこともありましたが、卒業まで続けました。

②私はよく友達から＿＿＿＿＿と言われます。

・私はよく友達からまじめだと言われます。今まで課題の締め切りに遅れたこともありませんし、学生時代の出席率も100％です。

2）短所を説明する

私の短所は＿＿＿＿＿＿ところです。

・私の短所は恥ずかしがり屋なところです。学生時代、スピーチ発表のときなどは、声が小さいと言われていました。
・私は、負けずぎらいなところがあります。テストの点数が友達より低いと、イライラしてしまいます。

3）短所のあとに、その短所をどうするかを説明する

私の短所は＿＿＿＿ところです。けれども、これからは＿＿＿＿。

・私の短所は人見知りなところです。初めて会った人とすぐに話すことはできませんでした。けれども、これからは社会人として相手に失礼がないように、初対面の人でも積極的に話しかけるようにしたいと思います。

4）長所と短所を説明する

長所をアピールしたうえで、短所をどうするかを言いましょう。

私の長所は＿＿＿＿ところです。
一方で、＿＿＿＿。これからは＿＿＿＿。

・私の長所は前向きなところです。一方で、楽観的すぎて失敗することも多いです。これからは、もっと慎重に考えて行動したいと思います。

2 練習しましょう

① 私はよく友達から＿＿＿＿＿＿＿＿＿＿＿＿＿＿＿と言われます。

② 私の短所は＿＿＿＿＿＿＿＿＿＿＿＿＿＿＿＿＿＿＿＿＿。

＿＿＿＿＿＿＿＿＿＿＿＿＿＿＿＿＿＿＿＿＿＿＿＿＿＿＿

③ 私の短所は＿＿＿＿＿＿＿＿＿＿＿＿＿＿＿＿＿＿＿＿＿。

けれども、これからは＿＿＿＿＿＿＿＿＿＿＿＿＿＿＿＿＿

＿＿＿＿＿＿＿＿＿＿＿＿＿＿＿＿＿＿＿＿＿＿＿＿＿＿＿

＿＿＿＿＿＿＿＿＿＿＿＿＿＿＿＿＿＿＿＿＿＿＿＿＿＿＿。

④ 私の長所は＿＿＿＿＿＿＿＿＿＿＿＿＿＿＿＿＿ところです。

一方で、＿＿＿＿＿＿＿＿＿＿＿＿＿＿＿＿＿＿＿＿＿＿＿＿

これからは＿＿＿＿＿＿＿＿＿＿＿＿＿＿＿＿＿＿＿＿＿＿。

「英語ができる／できない」などは「能力」の説明ですから、長所・短所とは言いません。

第2課　志望動機

就職活動では、「志望動機」を書いたり、話したりします。「志望動機」は企業の採用担当者が注目して目を通すところです。この課では、志望動機の書き方、まとめ方を学びましょう。

キーワード

志望動機

簡潔にまとめる

企業理念

社風

共感

貢献

海外展開

説得力

◇目標

・説得力がある志望動機を述べることができる

考えてみましょう

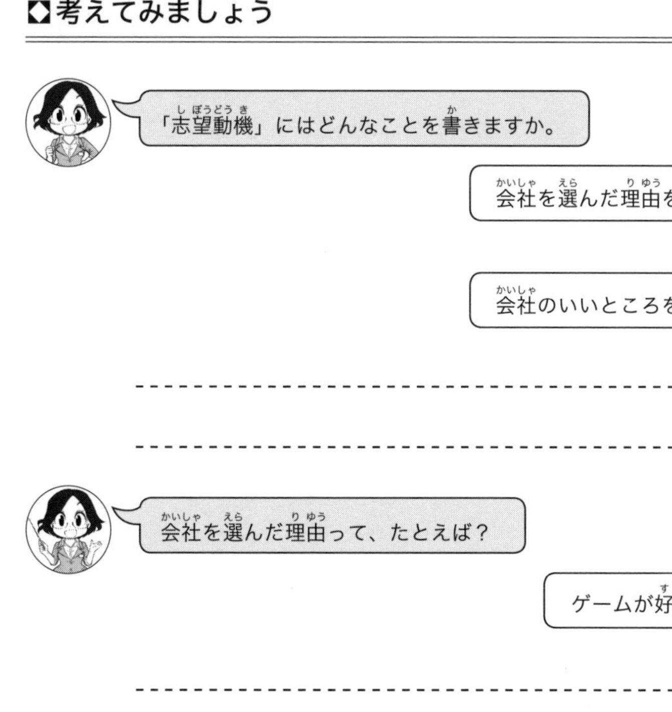
「志望動機」にはどんなことを書きますか。
会社を選んだ理由を書きます。
会社のいいところを書きます。
あなた
会社を選んだ理由って、たとえば？
ゲームが好きだから。
あなた

会社のいいところって、たとえば？

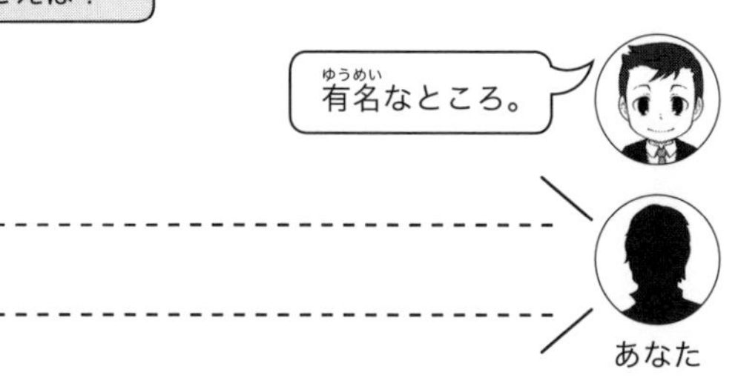
有名なところ。
あなた

1 「志望動機」「自己PR」のポイント

「志望動機」や「自己PR」（→134ページ）は、エントリーシートや履歴書に書きます。また、面接でも聞かれます。自己分析でわかった自分の特徴を考えて書くことが必要ですが、それだけでなく、会社から求められていることは何か、自分にできることは何かを考える必要もあります。

■話す時間

面接で話すなら1分程度を目安に、簡潔に話しましょう。長く話しすぎると、面接官に志望動機や自己PRのポイントが伝わりにくくなります。

■書くとき、話すときの構成

結論から始めるのが効果的です。

1. 結論
2. 説明やエピソード
3. 入社後にどうしたいか

2 「志望動機」のまとめ方

「志望動機」とは、「なぜその会社に入りたいと思ったか」ということです。ここで採用担当者は何をチェックしていると思いますか。採用担当者は数多くのエントリーシートや履歴書を見たり、面接をしたりしますから、「志望動機」がよく考えられているかどうかはすぐわかります。採用担当者が見る点は、

・会社についてよく調べているか
・なぜ他社ではなく、この会社で働きたいのか
・入社後にどんな貢献をしたいのか

というところです。できるだけ具体的に、相手に伝わるように述べましょう。

志望動機を考える前に、業界研究、企業研究が必要ですね。

3 志望動機を書く

志望動機は、エントリーシートや履歴書に書きます。パソコンで作成してもよい会社もありますが、手書きのときは、黒色のペンで、丁寧に書きましょう。誤字・脱字があったときは修正液や修正テープは使わずに、もう一度全部書き直しましょう。

△△株式会社エントリーシート

フリガナ 氏名		生年月日	
		電話番号	
現住所			
E-mail			
最終学歴 (学部・学科)			

取得資格	(取得年月)
	(取得年月)
	(取得年月)
	(取得年月)
趣味・特技	

■あなたがこれまでに力を入れて取り組んできたことを3つ挙げてください。
①
②
③

■上に挙げた3つの中から1つを選び、なぜ力を入れたか、どのように取り組んだか、どのような成果を得たか、何を学んだかを記入してください。

■あなたがこれまでに直面した困難について、どのような困難か、また、どのようにして乗り越えたかを記入してください。

■あなたが当社に入社して、実現したいことを具体的に記入してください。

履歴書　2024年4月20日現在

フリガナ　サラ　ロッシ
氏名　SARA ROSSI
1997年11月11日生（満27歳）　女
現住所 〒123-4567 東京都文京区後楽〇丁目〇番〇号
電話 090-xxxx-xxxx
連絡先 同上

年	月	学歴・職歴（各別にまとめて書く）
		学歴
2013	6	(イタリア) ABC Junior High School卒業
2013	9	(イタリア) ABC High School入学
2018	6	(イタリア) ABC High School卒業
2018	9	(イタリア) University of ABC外国語学部日本語学科 入学
2021	6	(イタリア) University of ABC外国語学部日本語学科 卒業
2023	4	(日本) ABC日本語学校 入学
2025	3	(日本) ABC日本語学校 卒業見込み
		職歴
2021	7	(イタリア) ABC Company Ltd. Milano 入社
2023	2	(イタリア) ABC Company Ltd. Milano 退社

年	月	免許・資格
2023	12	日本語能力試験N1合格
2024	1	TOEIC 980点取得

志望動機

自己PR

趣味・特技・得意科目など
趣味：サッカー
特技：イタリア語（母語）、英語、日本語、スペイン語（ビジネスレベル）
中国語（日常生活レベル）

本人希望記入欄
営業職を希望します。勤務地、待遇などは貴社規定に従います。

シュウさんは志望動機を書きました。シュウさんの志望動機はどうですか。

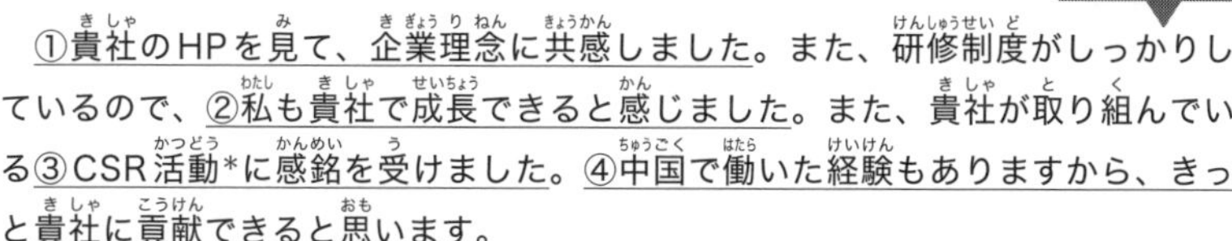

①貴社のHPを見て、企業理念に共感しました。また、研修制度がしっかりしているので、②私も貴社で成長できると感じました。また、貴社が取り組んでいる③CSR活動*に感銘を受けました。④中国で働いた経験もありますから、きっと貴社に貢献できると思います。

*CSR活動：CSRは「Corporate Social Responsibility（企業の社会的責任）」という意味で、企業が利益を追求するだけでなく、企業に関係する人々や、社会（環境、教育など）に対して適切な対応や活動をすること。

シュウさんの志望動機を田中先生がチェックしました。

採用担当者がこれを読むと、「ほかの会社でも同じものを使っているのでは？」「なぜうちの会社を選んだのかわからない」「企業研究をしていない」と思ってしまいます。

① 企業理念に共感したのですね。でも、具体的にどんなところに共感をしたのですか。また、「HP」と略さないで「ホームページ」と書きましょう。
② 社員を成長させるために会社があるように感じてしまいます。
③ 具体的にどんなCSRかわかりません。むしろ、CSR活動については書かないで、本業についてポイントを絞ったほうがいいでしょう。
④「経験」や「貢献」とはどんなことですか。もっと具体的に書きましょう。

シュウさんは、田中先生のアドバイスを受けて、志望動機を書き直しました。

OK

貴社を志望した理由は、社員の提案を積極的に取り入れる社風にひかれたからです。私は中国で４年間、衣料を中心とした販売に関わってきました。貴社の説明会で販売促進のチームの例をうかがいましたが、自分もそのようなチームに入りたいと強く思いました。

私は、特に貴社の「○○祭り」と題した年数回のイベントに非常に興味を持ちました。私も、お客様の購買意欲を高め、そしてお客様に喜んでいただけるようなイベント企画を考えたいです。将来は中国での衣料販売の経験をいかし海外の店舗でもさまざまな企画を提案していきたいと思っています。

「志望動機」は会社への「ラブレター」です。ほかの会社ではなく、どうしてその会社なのか、自分はその会社で何ができるのかを言わないと、伝わりません。

志望動機を書こう

入りたい会社に合わせて考えてみましょう。

① その会社の魅力を、思いつくかぎり、たくさん書き出してください。

② ①の中で、特にあなたにとって重要なものを ◯ で囲んでください。

③ どうして②を選んだのですか。具体例を用いて書きましょう。

④ その会社に入ったら、どんな仕事をがんばりたいですか。

⑤ あなたがその会社でいかせることは何だと思いますか。

あなたの例　志望動機を書きましょう。　DL ▶ 4-05

結論（なぜその会社を選んだのか簡潔に）……………… ②を書く
くわしい説明（会社を選んだ理由をできるだけ具体的に）……………… ③を書く
入社後にどうしたいか（どんな仕事をしたいか、何をいかせるか）……………… ④⑤を書く

周りの人に読んでもらい、意見を聞きましょう。

うまく書けなかった人は、「企業研究」（→57ページ）、「自己分析」（→114ページ）をもう一度見直してみましょう。

まとめ

志望動機はあなたの思いを伝える道具です。
読んだ人がどう思うかを考えながら書きましょう。

目標達成チェック

□ **説得力がある志望動機を述べることができた**

ケーススタディ

志望動機

ケース

ジョンさんは日本語学校の学生で、今、就職活動中です。アメリカの大学を卒業して、すぐ来日したので、働いた経験はありません。

食品会社に総合職として就職したいと考えています。第一志望はM食品株式会社です。ジョンさんは、M食品株式会社のホームページを読んだり、会社説明会に参加したりして、十分に企業研究をしました。

そして、次のような志望動機を履歴書に書いて送りましたが、結果は不採用でした。

ジョンさんの志望動機のどこがいけなかったのでしょうか。

<ジョンさんの志望動機>

私は貴社の安全で安心な食品づくりを目指すというところに共感し、貴社を志望しました。

貴社の①食品に対する考え方はとてもすばらしいと思います。日本に来て、貴社の商品を実際に食べて、②とても好きになりました。

もし入社することができましたら、③私は貴社の商品の「ごちそうハム」の生産工程の効率化に取り組みたいと思います。必ず貴社のお役に立てるよう努力します。どうぞよろしくお願いします。

アドバイス

①どんなところがすばらしいと思ったのか、具体的に書きましょう。

②「商品が好き」「会社が好き」などと書く人が多いですが、好きな理由を具体的に書いて、説得力を高めましょう。

③企業に対する批判（生産工程の効率が悪い）に聞こえるかもしれません。その企業で何がしてみたいのか、自分にできることは何かを書いたほうがいいでしょう。

日本語学習のページ

＜志望動機でよく使う表現の例＞

①貴社を志望した理由は～からです。

・貴社を志望した理由は、貴社が積極的に海外展開していることに関心を持ったからです。

②～という貴社の企業理念にひかれました。

・「心に残る『感動』を提供する」という貴社の企業理念にひかれました。

③～に興味を持ちました。

・私は、貴社の「〇〇祭り」と題した年数回のイベントに興味を持ちました。

④もし入社することができたなら、～。

・もし入社することができたなら、忍耐力をいかして新しい取引先を開拓していきたいです。

＜間違いやすい言葉＞

① 貴社/御社

「貴社」：書き言葉。履歴書やエントリーシートに書くときに使う

「御社」：話し言葉。面接で使う

② 興味/趣味

「～に興味があります/興味を持っています」という場合の「興味」は、おもしろいと思っていることやこれから調べてみたいこと、仕事に関することです。

「趣味」は、仕事や勉強以外の時間にする「好きなこと」です。

「興味」→ 私はホテルのサービスに興味を持っています。

「趣味」→ 私の趣味はマンガをかくことです。

第3課　自己PR

「自己PR」は、自分の強みや得意なことを書いたり話すことで、自分が会社で何ができるのかを伝えます。長所・短所のときと同じように、その理由やエピソードを加えましょう。その会社はどんな人物を求めているのか、よく考えることが大切です。

キーワード

自己PR
強み

◆目標

・説得力がある自己PRを述べることができる

◆考えてみましょう

あなたの強みや得意なことは何ですか。エピソードはありますか。

アルバイトをがんばりました。店長にしかられてばかりだったけど、仕事に慣れて２年間働きました。

大学でプログラミングの勉強はたくさんしたけど…。

あなた

----

1 自己PRを書く

自己PRは、エントリーシートや履歴書に書きます（書き方のポイントは128ページを見てください）。

シュウさんの自己PRを読んで、どこがよくないか考えましょう。

私の強みは、①困難があっても、最後まであきらめずに物事に取り組めることです。中国で働いていたときも、いろいろ大変なことがありましたが、②最後までやり遂げました。この会社にもし入ることができたら、③どんなことも最後までできると思います。

シュウさんの自己PRを田中先生がチェックしました。

具体的なエピソードが何も書かれていませんね。そうすると、シュウさんの「強み」を印象づけることはできません。その「強み」は仕事にどうつながるのでしょうか。

① 大変なことがあってもあきらめずにがんばったんですね。でも、どんな大変なことがあったのですか。具体的に書いて採用担当者に伝えましょう。

② どのように最後までやり遂げたのでしょうか。これも、具体的に書いたほうがいいでしょう。それはシュウ・ライさんの力だけでしょうか、それとも他の人の力も借りたのでしょうか。もし他の人の力を借りたのであれば、そこから学んだことはもしかしたら「チームワーク」なのかもしれません。そうすると、アピールポイントが変わるかもしれませんね。

③「どんなことも」とは何でしょうか。会社が何を求めているのかを考えて書きましょう。

シュウさんは、田中先生のアドバイスを受けて、自己PRを書き直しました。

私の強みは、忍耐力があることです。困難があっても、最後まであきらめずに物事に取り組めます。中国で働いていたときも、クライアントの意向に沿う企画がなかなかできなくて苦労をしました。しかし、クライアントの満足を得ることが仕事に対する責任だと考え、上司や同僚の力を借りて粘り強く何度も企画を練り直し、提案しました。そして最後にはクライアントに企画が認められ、契約を結ぶことができました。貴社に入社することができたら営業に携わり、この忍耐力をいかして新しい取引先を開拓していきたいです。

自分の強みを説明する具体的なエピソードがあり、いいですね。それが入社後にどう発揮されるのかも書いてあります。働いた経験のない人は、学生時代のエピソードでもいいですよ。

書いたら、周りの人に読んでもらい、意見をきくといいでしょう。

自己PRを書こう

あなたが入りたい会社に合わせて考えてみましょう。　DL▶4-06

① あなたが「ほかの人より上手にできる」と思うことを書いてください。(いくつでもいいです)

② ①のなかで、特にあなたにとって一番の「強み」だと思うものを〇で囲んでください。

③ ②のエピソードを書いてください。

④ ②の強みはその会社でどのようにいかせると思いますか。

あなたの自己PRを書きましょう。

DL ▶ 4-07

結論（あなたの強み）
エピソード（以前あったこと、そこから学んだことなどを具体的に）
入社後にどういかせるか

周りの人に読んでもらい、意見を聞きましょう。

うまく書けなかった人は、企業研究（→57ページ）、自己分析（→114ページ）をもう一度見直してみましょう。

まとめ 自己PRは、「ほかの人には負けない」と思う点を言いましょう。それを採用担当者にアピールできるように、具体的なエピソードを入れましょう。読んだ人がどう思うかを考えながら書きましょう。

目標達成チェック

□ 説得力がある自己PRを述べることができた

ケーススタディ

自己PR

ケース

リーさんはＡ社の面接で、自己PRをするように言われました。
次の会話は、面接官とリーさんのやりとりです。

面接官：では、自己PRをしてください。

リー：はい。
私の強みは努力するところです。大学では日本語の勉強をがんばって、日本へ来ることができました。

面接官：……？　それから？

リー：以上です。これが私の強みです。

面接官：あ、そうですか。

リー：……。

面接官：では、次の質問です。

リーさんの面接はうまくいかなかったようです。
どこがいけなかったのでしょうか。

アドバイス

自己PRで自分の強みを十分に説明できていません。日本にいる留学生は、みんな日本語を勉強しています。来日前に日本語を一生けん命勉強した人も多いでしょう。その人たちとリーさんに違うところは何でしょうか。日本語学習を通して、リーさんが得意だと思ったことや、ほかの人より上手にできると思ったことを言うとよかったですね。また、それは入社後、どんな仕事にどのようにいかせるのでしょうか。

就職の面接ですから、自分が仕事をするイメージをもって、そこでどんな強みがいかせるのか説得力のある形で伝えましょう。

日本語学習のページ

<自己PRでよく使う表現の例>

① 私の強みは～ところ／ことです。

・私の強みはリーダーシップがあるところです。

・私の強みは英語、ドイツ語、フランス語、日本語の４か国語が話せることです。

② ～をいかして、(入社したらやりたいこと) ～をしたいです。

・社交的なところをいかして、社外の人脈を広げ、多くの会社と取引をし、契約に結びつけていきたいです。

③ 貴社のお役に立てるよう努力します。

④ 長所／強み

「長所」は能力のことではありません。

× 私の長所は英語が話せることです。

○ 私の強みは３か国語が話せることです。

問題　①～⑤の（　　　）に入る文章を下のa～eから選んで入れてください。

a. 慎重になりすぎて、時々新しいチャレンジを逃してしまうことです。
b. 貴社のお役に立てるよう努力します。
c. 新しい製品の開発をしていきたいです。
d. 貴社の消費者の立場に立った商品開発に関心を持ったからです。
e. 興味を持ちました。

① 志望動機は（　　　　　　　　）。
② 私の短所は（　　　　　　　　）。
③ 貴社の新薬開発のコンセプトに（　　　　　　　　）。
④ 学生時代に学んだ工学の知識をいかして（　　　　　　　　）。
⑤ もし入社することができたなら（　　　　　　　　）。

留学生のＱ＆Ａ④

講師：工藤 尚美 先生

Q 日本企業が外国人に期待していることは何ですか。

A 大学などの高等教育機関を出た外国人は、専門的な技術や知識を持った高度人材といえます。企業は、そうした強みを最大限に発揮してくれることを期待しています。そのためにはまず、自分のキャリアプランをしっかり立てること、そして仕事に対する考え方、自分の能力をどう将来にいかしていきたいかを、企業にきちんと伝えられるようにする準備が必要です。

自己PRには、日本人は経験したことがないような、あなたにしか書けない話、あなただけが持っている強みを書いてください。そのためには、自己分析をしっかりとすること。ほかの人とは違うエピソードを探しましょう。

Q 日本では、自己主張が強い人は避けられる傾向があると聞きますが……。

A 確かに、自分の意見だけを主張する頑固な人は避けられると思います。しかし、TPOをわきまえて、周りの意見を聞きながら自己主張をすることは問題ありません。むしろ、そのような人が求められているといえます。

自分の意見をしっかり伝えることと、自分とは違う意見を持つ人の考えを最初から否定するのではなく、さまざまな意見があることを認識し、いろいろな人の話に耳を傾けることがとても大切です。

第5章

面接・内定

第1課　面接

面接では、入室から質問に答えるまで、すべてが大切です。丁寧に準備をしてから、面接を受けましょう。

集団面接

協調性

想定質問

グループディスカッション

個人面接

人柄

貢献

◆目標

- 面接の流れや種類、注意点を知る
- 面接で求められていることを知り、それに対して準備をする
- 面接の練習をして、改善する

◇考えてみましょう

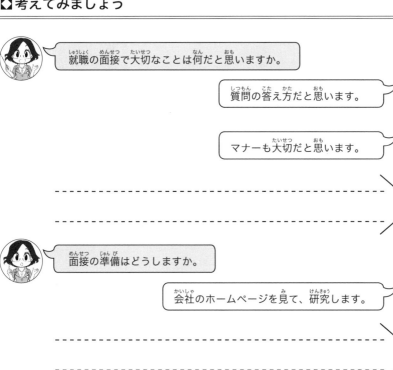

就職の面接で大切なことは何だと思いますか。

質問の答え方だと思います。

マナーも大切だと思います。

あなた

面接の準備はどうしますか。

会社のホームページを見て、研究します。

あなた

みなさんが面接官だったら、面接をしながら応募者についてどんなことが知りたいですか。

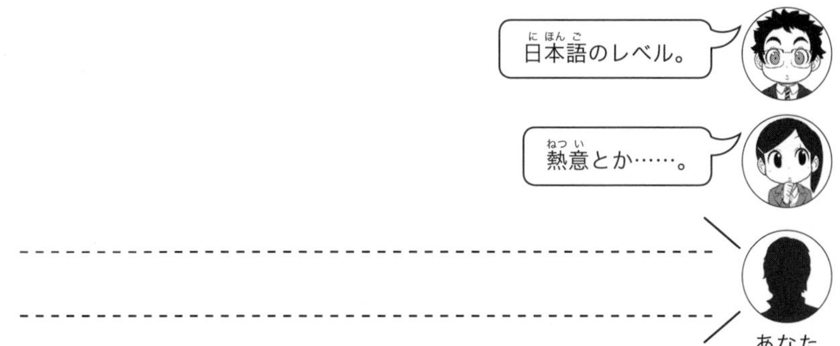

1 面接の種類、流れ、マナー

(1) 面接の種類

対面の場合、オンラインの場合があります。

◆集団面接

- 集団面接は複数人が同時に受ける面接です。
- 面接官がエントリーシートや履歴書を見ながら質問をし、順番に応募者が答えます。
- 自己PRなどの定番の質問が多いです。解答は1分程度で簡潔に答えられるように準備をしましょう。
- 表情や態度など、印象面も大切なポイントとなるので、自信を持って答えましょう。

応募者：2～6人
面接官：1～3人
時　期：1次面接や2次面接など、早い段階で行われることが多い。

▶ほかの人が話しているときも、あなたの態度を見ていますから、気をつけましょう。

◆グループディスカッション

- グループディスカッションは与えられた課題についてグループで議論して、制限時間内に結論を出すものです。
- 面接官はディスカッションを通して、チームで仕事ができるかをを評価します。
- 役割分担や、意見交換の際の積極性、協調性がポイントとなります。
他者の意見を聞かずに、自分ばかり話してはいけません。

応募者：1グループ4～6人×数グループ
面接官：数人
時　期：1次面接や2次面接など、早い段階で行われることが多いです。

▶チームの1人として行動しましょう。1人だけ目立とうとしてはいけません。

◆個人面接

・個人面接は事前に提出したエントリーシートや履歴書を元に面接官がさまざまな質問をし、それに答えるものです。細かい部分までチェックされるので、念入りに準備しましょう。

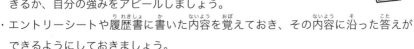

・面接官は、あなたの入社したい気持ちや、一緒に働けるかを評価します。会社にどんな貢献ができるか、自分の強みをアピールしましょう。

・エントリーシートや履歴書に書いた内容を覚えておき、その内容に沿った答えができるようにしておきましょう。

応募者：1人
面接官：1～3人
時　期：1次面接や2次面接、最終面接でも多くあります。

▶面接官は、あなたのあいさつの仕方や服装、また日本語力、コミュニケーション力などさまざまなことをチェックしています。

(2) 面接の流れ

◆入室から着席まで

入室したときの印象はとても大切です。姿勢をよくして、明るく元気にあいさつしましょう。

①ドアを軽く2～3回ノックします。「どうぞ」という声が聞こえたら、入室します。

②部屋に入ったら、ドアを閉めます。面接官を見ながら「失礼します」と言い、それからおじぎをします。

③いすの横まで進み、立ったまま名前を言い、「よろしくお願いします」とあいさつします。

④「どうぞおかけください」と言われたら、いすに座ります。そのとき、かばんはいすの横に立てかけておきます。

⑤いすに座るときは、足をそろえます。足を組んではいけません。

◆面接終了から退室まで

面接が終わるとつい、安心してしまいます。あいさつをして、ドアから外に出るまで、面接官はずっと見ています。最後まで、気をつけて行動しましょう。

①「これで終わります」と言われたら、「ありがとうございました」とお礼を言って、いすに座ったまま、深くおじぎをします。

②いすから立ち上がり、入室時と同じようにいすの横で「失礼します」と言ってから、おじぎをします。そして、ドアの方へ進みます。

③ドアの前で振り返って、もう一度「失礼します」とあいさつをして、おじぎをします。おじぎが終わったら、ドアを開けて外に出ます。

入室から着席まで

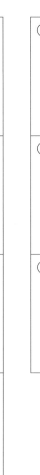

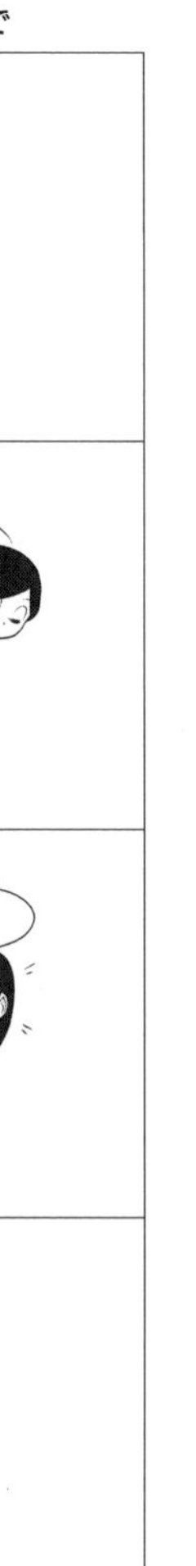

面接終了から退室まで

(3) 面接のマナー

・遅刻をしてはいけません。遅刻をすると、印象がとても悪くなります。時間に余裕をもって行動しましょう。電車の事故などで間に合わない場合は、面接時間の10分前までには、電話連絡をするようにしましょう。
・場所がよくわからない場合は、前日までに一度行っておくのもいいでしょう。
・面接会場では、携帯電話の電源を切っておきます。
・面接前の控室や面接終了後に他の応募者とおしゃべりをするといった、採用試験の場にふさわしくない行動は避けましょう。
・うそを言うのはやめましょう。何回か面接をしているうちに、必ず相手にわかってしまいます。
・面接官の目を見て話しましょう。
・質問がわからないときは、「もう一度お願いします」とはっきり言いましょう。わからないまま答えてはいけません。

★練習しましょう

入退室の流れは、何度も練習しましょう。実際にやってみて、以下の項目をチェックしましょう。

【 入室から着席 】

☐ ノックから入室　☐ 入室してからのあいさつ
☐ いすの横での自己紹介とあいさつ　☐ いすに座るタイミング、座り方

【 面接終了から退室 】

☐ 面接終了時のあいさつ　☐ いすから立ってのお礼とおじぎ
☐ ドアの前でのあいさつ　☐ おじぎから退出

◆オンライン面接の場合

オンライン面接の場合も、身だしなみや座る姿勢などのポイントは対面のときと同じです。そのほかに、次のことにも気をつけましょう。

・周りに人がいない静かな場所を選ぶ。
・面接の前に、カメラ映りやマイクの音声、照明などを確認する。
・背景は白い壁がベスト。バーチャル背景は使わない。
・カメラを見て話す。

2 面接の質問に答える

まず面接官は面接でどんなことを知りたいか、確認しましょう。

「会社があなたを採用する」ということは、「あなたと一緒に仕事をすること」になります。いくら能力が高くても、態度が悪かったり、人の話を聞けない人とは一緒に働きたくないですね。

「一緒に働きたい」と思ってもらうには、次のようなことが大切です。

■人柄、性格

・協力しながらチームで行動できる

・明るく、元気な印象がある

■コミュニケーション力

・相手の話をよく聞く

・自分の考えを伝える

■意欲、貢献

・自分のためだけではなく、会社のために何をしたらいいか、考えながら行動できる

■ルールを守る

・約束の時間に遅れない

・決められた書類を準備する

■マナー

・面接にふさわしい服装をしている

・あいさつができる

第一印象はとても大切です。面接にふさわしい服装で明るくあいさつすると、印象がよくなります。面接官の話をよく聞いて、自分の考えを伝えましょう。

想定問答をしよう

面接でよく聞かれる質問について、考えます。答えを考えたら、実際に声に出して言ってみましょう。自分が話しているところを録画して、発音や表情、姿勢をチェックしてもいいでしょう。

想定質問（企業、志望動機について）

Q1 弊社について知っていることを教えてください。

例 日本で一番有名なホテルです。海外からのお客さんも多いです。

「有名なホテル」「海外からのお客さんが多い」だけでは、本当にこのホテルに興味があるのかどうか、面接官にアピールできませんね。
どうしたらいいと思いますか。

このホテルの特徴は……。
具体的な数字があったら……。
どんなサービスがあるか……。

サラさんはよく考えて、次の答えを考えました。

例 御社は東京都内のホテルでは、宿泊者数が３年連続トップ10に入っています。宿泊者数のうち約30%が海外からの旅行者で、外国人向けの観光案内が充実している点が人気の理由であるといわれています。

しっかり企業分析をして、具体的な数字や、サービスの特徴について話ができると、面接官に入社への意欲がよく伝わりますね。

では、あなたも答えを考えてみましょう。

Q1 弊社について知っていることを教えてください。

あなた

Q2 この業界を志望した理由を教えてください。

例 数年前に日本へ旅行で来たときに、急に病気になってしまいました。言葉が通じないため、困っていたとき、ホテルのスタッフの方に病院へ連れていってもらいました。
ホテルには外国からのお客様が多くいらっしゃいます。病気の対応だけでなく、さまざまな情報をお客様にお伝えして、快適な旅行のお手伝いをしたいと思い、この業界を志望しました。(ホテル業界)

自分の経験に基づいた話だと、説得力がありますね。
また、もっと具体的に自分ができる仕事をアピールしてもいいですね。

あなた

Q3 なぜ（同じ業界の）A社やB社でなく、弊社を志望したんですか。

例 私は御社の店舗でよく買い物をしています。品物が多く、サービスもよくて、気持ちよく買い物ができます。御社には中国からのお客様も多くいらっしゃいます。単に中国語で接客をするだけでなく、お客様に喜んでいただけるサポートをしたいと思い、御社を志望しました。(小売り業界)

あなた

次の質問に対する答えも準備しておきましょう。

Q4 弊社でどんな仕事がしたいですか。

例 大学で学んだ知識を使って実際にプログラミングをしていきたいと思います。チームのメンバーと協力しながら作業をして、できれば大きなプロジェクトに参加したいと思っています。(IT業界)

あなた

Q5 弊社のホームページを見て、どう思いましたか。

例 英語や中国語をはじめ、複数の外国語のページがあり、外国のお客様にも見やすいと思いました。また、観光案内がくわしく、旅行の計画作りの参考になると思いました。(ホテル業界)

ホームページなどをよく確認して、その会社のサービスや強みを話せると印象がいいですね。

Q6 弊社の印象を教えてください。

例 ここ数年アジアの国々に積極的に出店をされていて、新しいマーケットを開拓されている印象を持っています。(小売り業界)

Q7 他に応募している会社はありますか。

例 ・はい、もう1社応募をしている会社があります。けれども、御社で（自分の希望職種の）仕事をしたいと考えておりますので、御社を一番に考えております。

・いいえ、御社で（自分の希望職種の）仕事をしたいと考えておりますので、他社には応募しておりません。

他社に応募している場合、正直に言ってもかまいません。ただし、「第一志望」であることを、しっかり伝えましょう。

あなた

Q8 弊社は第一志望ですか。

例 はい、第一志望です。御社でぜひ（自分の希望職種の）仕事をさせていただきたいと思っております。(……理由……)

他の会社にも応募している場合、なぜその会社が第一志望なのか、理由を言えるように準備しておきましょう。「家が近い」とか、「給料がいいから」という理由はだめです。仕事のやりがいや、志望動機に合わせて、しっかり伝えましょう。

あなた

Q9 弊社のサービス（商品）のなかで、一番興味があるものは何ですか。

例 アプリを使った予約販売です。3時間前までにアプリで注文をすれば、お客様は専用の窓口で、並ばずに商品を受け取ることができます。お客様の立場に立ったすばらしいサービスだと思います。(小売り業界)

想定質問（日本で就職したい理由、仕事観について）

Q1 なぜ日本に留学したんですか。

例 子どものころから、日本が好きでした。それで日本語の勉強を始めました。本格的に日本語を勉強したいと思い、日本へ留学しました。

経歴を話しているだけで、面接官へのアピールがありません。日本が好きになったきっかけや、自分なりのエピソードを加えながら答えると、印象がよくなります。「日本が好き」だけではアピールになりません。

どうして日本が好きに……。
留学のきっかけは……。
日本でしたいことは……。

シュウさんはもう一度よく考えました。

例 子どものころから日本のアニメが好きで、よくテレビを見たり、マンガを読んだりしていました。
本格的に日本語を勉強するようになってから、中国で働いている日本人の方と話をする機会が多くなりました。その人達から日本社会の話を聞いているうちに、日本の会社で働きたいという気持ちが強くなりました。それで日本への留学を決めました。

具体的なエピソードが入って、面接官の印象がよくなりますね。
聞き手の立場になって、わかりやすく答えましょう。

では、あなたも答えを考えてみましょう。

Q1 なぜ日本に留学したんですか。

Q2 なぜ日本で就職したいんですか。

例 日本の文化や言葉に興味があり、大学で日本語を専攻しました。留学生として来日してからも、親切な人々や細やかなサービスなど、日本のことがますます好きになりました。私も、ぜひお客様のことを考えたサービスを目指して、日本で社会に貢献したいです。

Q3 何年くらい日本で働きたいですか。

例 できるだけ、長く働きたいと考えております。経験を積んで、御社に貢献していきたいと考えています。

あなた

Q4 帰国する予定はありますか。

例 いいえ、ありません。できるだけ長く働いて、御社に貢献していきたいと考えています。

たとえば「3年くらい働いて経験をつみたいと思います。その後、国に帰って日本での経験をいかして仕事をしたいと思います。」という答えはマイナスの印象なのでやめましょう。あなたの母国での就職のために、経験をさせてあげようという会社はありません。まずは志望の会社で一生けんめい働いてみましょう。

あなた

次の質問に対する答えも準備しておきましょう。

Q5 日本で働くうえで、心配なことはありますか。

例 日本語がまだ十分ではないと思いますので、自分で努力してN1に合格できるレベルになりたいと思います。

あなた

Q6 日本でアルバイトをしたことがありますか。そこで学んだことはありますか。

例 はい、◯◯◯のアルバイトをしたことがあります。大切なことを報告しないで、しかられたことがあります。そこから、連絡や報告することは重要だと学びました。

あなた

Q7 自分の日本語力について、どう思いますか。

例 N1に合格していますが、仕事をするうえではまだまだ不十分だと思いますので、ビジネス日本語を勉強していきたいと思っております。

あなた

Q8 急な残業もよくありますが、大丈夫ですか。

例 はい、会社員として残業が必要なときがあることは理解しています。

あなた

Q9 配属先が希望部署でなかった場合はどうしますか。

例 すべてが初めての経験ですから、まずは一つひとつの業務をしっかり行っていき、実力をつけていきたいと思います。

あなた

Q10 ご家族は、あなたが日本で働くことについてどう思っていらっしゃいますか。

例
- はい、応援してくれています。
- 日本に留学を決めたときから、日本で働くことも相談していましたので、応援してくれています。

あなた

想定質問（自己PR、経歴について）

Q1 今までで一番がんばったことは何ですか。

例 コンビニのアルバイトです。店長にもいつもほめてもらいました。お客さんとの会話も日本語の練習になりました。

例 大学での勉強です。課題で徹夜が多くて大変でしたが、友達と一緒にがんばりました。

グェンさんはどうして店長にほめられたのでしょうか。お客さんとの会話の話ががんばったことなのですか。何か具体的なエピソードがあると、アピールできますね。

ブディさんの答えでは、「徹夜が多くて大変だった」という印象しかありません。どんな努力をして、その結果はどうだったか、具体的に伝えられるといいですね。

どんな仕事をしたか……。
どんな努力をしたか……。
店長にほめられたエピソードは……。

課題の内容は……。
結果は……。

グェンさん、ブディさんはもう一度よく考えました。

例 コンビニのアルバイトです。学校の勉強との両立は大変でしたが、レジや品出しなど、いろいろな仕事をがんばりました。店長にも認めていただき、アルバイトを始めて6か月目からは、新人アルバイトの教育係も任されました。

例 大学での勉強です。プログラミングの課題で徹夜をすることも多かったです。大変でしたが、チームのメンバーと協力して、作品を完成させたときは、眠いことなど忘れてしまいました。その作品は大学のコンテストで一位を取ることができました。

グェンさんの答えは、「新人アルバイトの教育係」という具体的なエピソードがあって、店長が信頼していたことがよく伝わりますね。
ブディさんは、課題についての努力とその結果が話せていますね。面接官によく伝わると思います。

では、あなたも答えを考えてみましょう。

Q1 今までで一番がんばったことはなんですか。

あなた

Q2 簡単に自己紹介をしてください。

例 私はブディ・ウィドドと申します。インドネシアからまいりました。インドネシアの大学ではITを専攻していました。現在はABC日本語学校で勉強しています。

Q3 自己PRをしてください。

例 私の強みはコミュニケーション力です。高校生のとき、バスケットボール部のキャプテンをしていました。チームには30人くらいのメンバーがいて、なかには試合に出られない人もいました。メンバー全員とコミュニケーションをとるようにし、試合に出るメンバーも出られないメンバーも協力して練習ができるようにしていました。日本に来てからも、クラスメイトやアルバイト先の先輩とできるだけ話すようにして、クラスや職場でみんなが楽しく過ごせるようにしています。今後仕事をするときも、上司や同僚の方々とよくコミュニケーションをとりながら、効率的に仕事を進めていけるように努力したいと思っています。

Q4 国の大学（日本の専門学校など）では、どんな勉強をしましたか。

例 中国の大学では日本語を専攻していました。文法や言葉など、単なる言語としての日本語を勉強するだけでなく、できるだけ小説などを読んで、日本の文化や、日本人のものの考え方などについても、学ぶようにしていました。

卒業論文のテーマを聞かれているわけではないので、簡潔に答えれば十分です。面接官が興味をもてば、もっと質問してくれます。

あなた

Q5 あなたの長所と短所を教えてください。

例 私の長所は積極的なところです。学校で文化祭などの行事があるときは、いつもボランティア学生として実行委員会などに参加していました。短所は、がんばりすぎてしまうところです。文化祭の準備のとき、体調が悪くても無理をして続けてしまい、結局２日くらい休んでしまうことがありました。今後は周りの人に迷惑をかけないように、相談をしながら進めていきたいです。

短所については、どうやって気をつけるのか、伝えられるといいですね。

あなた

次の質問に対する答えも準備しておきましょう。

Q6 今までに一番苦労したこと、大変だったことは何ですか。

例 高校生のときにけがをして、1か月学校を休んだことです。病院で寝ていなければならなかったので、学校へ行って勉強することもできませんし、友達と遊ぶこともできませんでした。それからは病気やけがをしないように、それまで以上に注意するようになりました。

あなた

Q7 尊敬する人は誰ですか。理由も教えてください。

例 イタリアでは日系企業でインターンシップをしていました。そのとき日本から来ていた、山田部長を尊敬しています。山田部長は仕事だけではなく、私の国の文化を勉強するために、社員や私たちインターン生とよくコミュニケーションをとっていました。また休日には、会社外のイベントにもよく参加されていました。仕事がとても忙しいなか、私たちの国を知ろうとしていた姿は、とても勉強になりました。私も日本でそのような気持ちを持つようにしています。

尊敬している理由を、くわしく説明できるようにしましょう。

あなた

Q8 前に働いていた会社（アルバイト）で、どんな仕事をしていましたか。またその仕事から学んだことはありますか。

例 コンビニでアルバイトをしていました。仕事はレジや品出しなど、ほとんどの業務を担当していました。コンビニの仕事で学んだことは時間の大切さです。昼の時間はお客様がたくさん来て、とても忙しいので、掃除や品出しの仕事は、必ず11時前までには終わらせなければなりませんでした。時間に気をつけながら、仕事をする大切さを学びました。

あなた

Q9 趣味や特技に関して、何か具体的なエピソードがあったら教えてください。

例
- 子どものころから走ることが好きで、マラソンが趣味です。昨年は地元のマラソン大会に参加して42キロを4時間20分で走りました。また挑戦して、4時間以内を目指したいです。
- 本を読むことが趣味です。日本語の本も読みますし、英語の本も読みます。平均すると、月に5冊は読んでいます。

あなた

Q10 チーム内で仕事をするとき、何が一番大切だと思いますか。

例 コミュニケーションが大切だと思います。チームのメンバーの話をよく聞いて、仕事を進めることが大切だと思います。

Q11 何か質問はありますか。

例
- 御社では何名くらいの外国の方が働いていらっしゃいますか。
- 特にありません。お話をうかがい、理解が深まりました。

質問がない場合、何か質問を言わなければと思い、「はい。え～、あの～」と何も言えない状態はよくありません。質問がない場合は、「特にありません。お話をうかがい、理解が深まりました。」と言いましょう。

面接の練習をしよう

面接は練習すればするほど、上手になります。一人で練習するときは、想定質問に答えているところを録画しましょう。周りに見てくれる人がいたら、面接官役をお願いしたり、アドバイスをもらったりするといいですね。

サラさんの「面接練習シート」の例）

○月○日（　）	名前：サラ・ロッシ	
想定する会社	○○ホテル	
今日の目標	入室から退出までのマナーに注意する 面接官の質問を最後まで聞く	
マナー	入室から着席	☑よくできた　□できなかった コメント：あいさつがよかった
	面接終了から退出	☑よくできた　□できなかった コメント：おじぎのタイミングがよかった
面接での受け答え	□よくできた　☑もう少し　□できなかった コメント： ・面接官の目を見て、明るく話せた ・質問が終わる前に、話してしまうときがあった	
改善点 改善方法	面接官の話を最後まで聞いて、それから答えること	

面接練習シートを使って練習し、できなかったところは改善方法を考えましょう。そして、改善ができたら、また練習をして上手にできるかどうか、チェックしましょう。「練習→振り返り→改善→練習」を何度も行うと、自信を持って面接を受けることができます。

また、他の人の面接練習を見ることで新しい発見が得られることもあります。機会があったら、お願いをして一緒に練習してもいいですね。

「想定する会社」と「今日の目標」を書いてから、練習してみましょう。

DL ▶ 5-01

月　日（　）		名前：
想定する会社		
今日の目標		
マナー	入室から着席	□よくできた　□できなかった コメント：
	面接終了から退出	□よくできた　□できなかった コメント：
面接での受け答え	□よくできた　□もう少し　□できなかった コメント：	
改善点 改善方法		

まとめ　何度も面接練習をして、自信をもって面接に臨めるようにしましょう。

目標達成チェック
- □ 面接の流れや種類、注意点がわかった
- □ 想定質問に対する答えの準備ができた
- □ 面接の練習をして、改善ができた

チームワーク

ケース

オウさんはAデパートの面接を受けています。

面接官：あなたがグループのリーダーを任されたとします。ある会議で7人のグループのうち2人の意見があなたと違いました。どうしますか。
オ　ウ：私がリーダーですし、4人は私の意見と同じですから、2人の意見は関係ありません。私の意見の通り進めます。
面接官：そうですか……。
面接官は困った顔になってしまいました。

アドバイス

日本の会社ではチームワークが重視されます。

チーム内に意見の違うメンバーがいても、最後まで話を聞きましょう。意見を無視されてしまったメンバーは、意欲がなくなってしまいますし、気持ちよく働くことができませんから、チームの雰囲気は悪くなってしまいます。チームの雰囲気が悪いと、よい仕事はできなくなりますね。

もしあなたの意見がチームのリーダーにまったく聞いてもらえなかったら、どんな気持ちになりますか。そのチームのために、一生けんめい働こうと思いますか。

オウさんはリーダーですから、全員の意見をまとめる必要があります。ですから、ほかの人の意見も聞くという姿勢がほしいですね。
まずは全員の意見をもらったら「ありがとう」と言います。そして、2つの意見があることを明らかにして、その2つの意見についてもっと話し合います。

いろいろな意見を出し合って整理し、最適な結論を出せるといいですね。

面接官とのコミュニケーション

ケース

チョウさんはＡ貿易会社の面接を受けています。

面接官：国の大学で勉強したことを教えてください。
チョウ：私は大学で経営学を学びました。１年生のときは基礎科目を勉強しました。
面接官：もう少し簡潔に話をし……
チョウ：あ～、はい。２年生ではマーケティング論を、３年生では～～～
面接官：……。

アドバイス

面接官はみなさんのスピーチを聞きたいわけではありません。

短い時間のなかで、あなたがどんな人なのか、会社にとって必要な人物なのかを判断するために、面接をしています。ですから、面接官の質問には、簡潔にわかりやすく答えましょう。

面接官の話をさえぎって、自分の話を続けることはしてはいけません。「この応募者は人の話を聞くことができないから、コミュニケーションが難しい」と思われて、面接は失敗になってしまいます。

意欲を見せることは大切ですが、必要以上に話しすぎないようにしましょう。面接官が聞きたいことは何かをよく考えて、わかりやすく答えましょう。

日本語学習のページ

面接官の質問の仕方はいつも一緒ではありません。
いろいろな質問の仕方に慣れておきましょう。
面接官が練習をした想定質問と違う言葉で質問することがあります。
けれども、言葉が違うだけで、質問の内容は同じです。落ち着いて答えましょう。

1）入室

面接官：こちらにお座りください
　　　　こちらに座ってください
　　　　こちらにおかけください
　　　　こちらにどうぞ

→ すべて「座ってください」ということです。
　あわてないで、「失礼します」と言って座りましょう。

2）来日について

面接官：いつ日本に来ましたか
　　　　いつ来日しましたか
　　　　いつから日本にいますか

→ あなたがいつ日本に来たか、質問しています。
　「20XX年のX月にまいりました」
　「昨年のX月に来日しました」などと答えればいいです。

3）自己PR

面接官：自己PRをしてください
　　　　あなたのアピールポイントを教えてください
　　　　あなたの強みはなんですか

→ すべて同じことを聞いています。わかりやすく自己PRをしましょう。

4）職歴

面接官：前はどんな仕事をしていましたか

前職について教えてください

以前は何をしていらっしゃいましたか

→ 前に働いていた会社や、そこでどんな仕事をしたのかを質問しています。具体的に仕事の内容を説明しましょう。ただし長くなりすぎないように、まとめて話しましょう。

また、面接では次のことにも注意しましょう。

5）自分や家族のことを話すとき

・中国からまいりました、〇〇と申します。

→「申します」を使って名前を言うのは、初めて会うときだけです。一度会った人に、2回目以降に会うときは「〇〇です」と言い、「申します」は使いません。

6）面接が終わるとき

A：それでは、これで今日の面接を終わります。

B：ありがとうございました。

失礼します。

→ 面接が終わって帰るときは、「失礼しました」ではなくて、「失礼します」です。間違えないようにしましょう。

第2課　内定後のマナー

採用試験に合格しても、まだ入社が決まったわけではありません。会社への連絡の仕方などの注意点を学習しましょう。

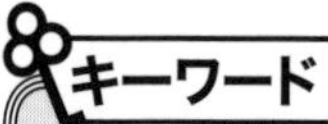

内々定

内定

内定承諾

内定辞退

内定取消

内定通知書

雇用契約書

目標

・内定・内々定の違いを知る
・内定を承諾するときのメールの書き方を知る
・内定を辞退するときの注意点を知る

考えてみましょう

会社から内定をもらったら、どうしますか。

パーティーをします。

パーティーはまだです。入社が決まってからです。

内定をもらったら、入社が決まるんじゃないんですか。

しっかり手続きをしないと、内定が取り消しになることもありますよ。それから、もし2つの会社から内定をもらったら、どうしますか。

2つの会社を比べて、よく考えます。

行きたい会社のほうにだけ連絡します。

あなた

内定をもらったあとにすることや、マナーについて知っていますか。

あなた

1 内定・内々定とは

内定とは、会社側があなたに「入社してほしい」という意思を伝えることです。あなたが内定を承諾すれば、就職が決まることになります。内定の場合は、「内定通知書」などの文書を会社から受け取り、それに対して「内定承諾書」や「雇用契約書」などを会社に提出することで、法律的にも内定が成立します。

内々定とは、「内定通知書」などの正式な書類はないものの、面接のあとや電話などで、採用試験に合格したことを伝えられることです。基本的には内定と同じですが、内定と内々定の違いは、内々定には法律的な根拠がないことです。内々定をもらったら、正式な内定や入社の時期を確認しましょう。

(1) 内定の連絡

会社からの内定の連絡は郵送、電話、メールなどで来ます。

会社からの内定通知メール

件名　採用内定のご連絡

○○様

△△株式会社人事部の山田です。
先日は採用試験の面接にお越しいただき、ありがとうございました。

社内で慎重に検討した結果、○○様の採用を内定いたしました。

つきましては、1週間以内に、内定通知書と内定承諾書をお送りします。
内容をご確認、ご記入のうえ、内定承諾書を今月末までにご返送ください。

ご不明な点がありましたら、お問い合わせください。

よろしくお願いします。

△△株式会社　人事部
担当：山田一郎

(2) 内定承諾のメール

内定のメールをもらったら、承諾のメールを返信しましょう。

メールを見たら、24時間以内（会社の営業時間内）に返信をしましょう。ただし、慌てて書いて、間違いだらけの日本語で書くと、印象が悪くなります。丁寧に書くことが大切です。

サラさんは慌ててメールを書いてしまいました。

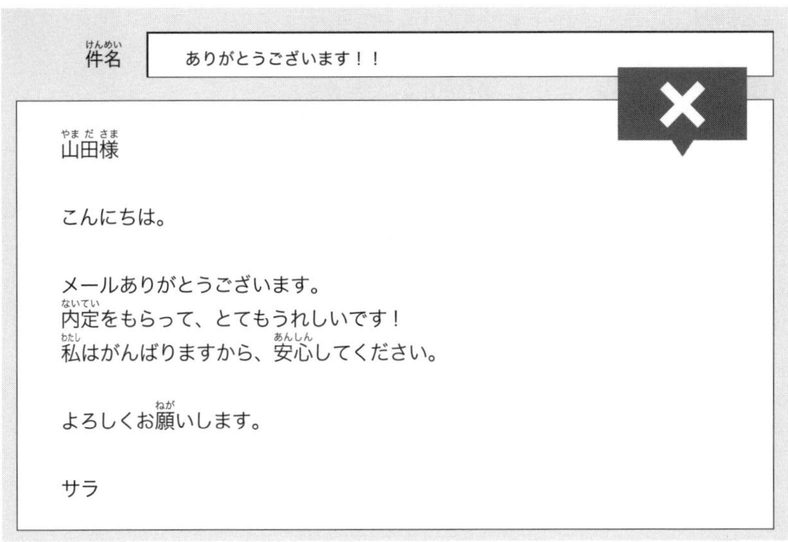
件名　ありがとうございます！！

山田様

こんにちは。

メールありがとうございます。
内定をもらって、とてもうれしいです！
私はがんばりますから、安心してください。

よろしくお願いします。

サラ

これはあまりよいメールではないですね。
改善すべき点を考えてみましょう。

サラさんのメールには次のような問題があります。

- メールの件名は変えずに、そのまま返信しましょう。
- メール全体がカジュアルすぎます。ビジネスメールとして、丁寧に書きましょう。
- 内定に対するお礼や、今後努力する姿勢を見せましょう。
- 宛名と自分の名前は省略せず、正確に書きましょう。

サラさんはもう一度メールを書きました。

件名　Re:採用内定のご連絡　…… ①

OK

△△株式会社
人事部　山田一郎様　……②

メールをいただき、ありがとうございます。　……③
ABC日本語学校のサラ・ロッシです。

この度は、内定のご連絡をいただき、ありがとうございます。　……④
御社で働けることになり、大変うれしいです。
書類が届きましたら、内定承諾書を返送します。

今後、御社に貢献できるように努力してまいります。　……⑤
よろしくお願いします。

ABC日本語学校　サラ・ロッシ……⑥
Email：sara_rossi@xxx.co.jp
住所：〒123-4567　東京都文京区後楽○丁目○番○号
携帯：090-XXXX-XXXX

ポイント

① 返信のときは、件名は変えずにそのままにしましょう（「Re:」をつけたままでいいです）。メールを受け取った人は、どんな内容のメールかすぐわかります。
② 宛先は、会社名・部署名・担当者の名前を省略しないで書きましょう。
③ まず、メール（連絡）のお礼をしましょう。また自分の名前もフルネームで書きましょう。
④ 内定をもらったことへのお礼と、内定承諾書返送のことを伝えましょう。
⑤ これから会社でがんばりたいという気持ちを伝えましょう。
⑥ 自分の名前や住所なども、省略しないで書きましょう。

2 内定辞退

内定辞退とは、内定をもらっていましたが、何らかの事情でそれを断ることです。

・複数社から内定を受けていて、内定を断らなければならないとき。
・個人的な事情などで、その会社で働くことをやめようと思ったとき。

内定辞退をするときは、謙虚な態度で丁寧に連絡をしましょう。
せっかく内定をいただいた会社に対する礼儀ですし、これから仕事をしていくなかで、内定を辞退した会社や、その会社にいた社員の人と別のところで出会ったり、一緒に仕事をしたりする場合があるかもしれません。

内定を辞退するかどうか迷ったときは、信頼できる先生や友人に相談してみましょう。自分では気づかなかったポイントが見えて、はっきり決められるかもしれません。

■ 内定辞退の連絡

内定辞退の連絡には、直接訪問、電話、メールなどさまざまな方法がありますが、ここでは電話での辞退連絡を練習しましょう。

次のシュウさんの電話はどうでしょうか。

シュウ：もしもし、ABC日本語学校のシュウと申しますが、人事担当の山田さんはいらっしゃいますか。
山　田：あ、シュウさん。山田です。
シュウ：すみません、山田さん。内定を辞退したいんです。　……①
山　田：えっ。内定の辞退ですか。どうしたんですか。
シュウ：さきほど第一志望の会社から内定をもらったので、そちらに行きたいと思っています。　……②
山　田：一度、こちらに来て話をしませんか。
シュウ：もう決めましたので、必要がないと思います。　……③
失礼します。

山田さんは、どんな印象を持ったと思いますか。がっかりしたか、怒ったかはわかりませんが、印象はとても悪いと思います。どんなところがよくないですか。考えてみましょう。

「すみません」とは言っていますが、シュウさんの電話からは謙虚な気持ちがあまり伝わってきません。また、自分の都合だけを一方的に話すのはよくありません。次のことに気をつけましょう。

- 迷惑をかけて、申し訳ないという気持ちを伝えること
- 相手の話も聞いて、できるだけ丁寧に答えること

改善例

シュウ：ABC日本語学校のシュウと申しますが、人事担当の山田さんはいらっしゃいますか。

山　田：あ、シュウさん。山田です。

シュウ：山田さん、すみませんが……。

山　田：どうしましたか。

シュウ：あのう……、内定を辞退させていただけないでしょうか。　………①

山　田：内定辞退ですか。どうしたんですか。

シュウ：実は、ほかの会社からも内定をいただきまして、よく考えた結果、そちらの会社でお世話になろうと思っています。　………………………………②

山　田：一度会社に来てもらって、相談しても考えは変わりませんか。

シュウ：よく考えて出した結論なので……、すみません　……………………③

山　田：そうですか。決心は固そうですね。わかりました。残念ですが、仕方ないですね。

シュウ：本当に申し訳ありません。

シュウさん、今度の電話はいいですね。ポイントを確認しましょう。

① 「内定を辞退したいんです」と意思を伝えるのではなく、「内定を辞退させていただけないでしょうか」という依頼の表現は印象がいいですね。

② 辞退する理由についても「他社からも内定をもらいよく考えた結果」と悩んだ様子が伝わりますね。

もう会わないと思って、「急に帰国しなければならなくなったので」などとうそを言うのはやめましょう。今後ビジネスの場面で出会う可能性もあります。正直に話しましょう。

③ シュウさんの丁寧な気持ちが伝わりますね。

内定辞退について考えてみましょう。

・会社の人は応募書類を見たり、面接をしたり、たくさんの時間を使ってあなたの内定を出しました。内定を辞退するときは、事前に練習してから丁寧に連絡しましょう。

・内定を辞退した会社の人とは、これからもビジネスの場面で会うことがあるかもしれません。そのとき、困るのはあなたです。

まとめ 内定を受けるときも、また辞退するときも、丁寧で謙虚な姿勢が必要です。

目標達成チェック

- □ 内定と内々定の違いがわかった
- □ 内定を承諾するメールの書き方がわかった
- □ 内定を辞退するときの注意点がわかった

内定を辞退した会社①

ケース

ジャンさんは同業種のＡ社とＢ社から内定をもらいましたが、Ｂ社に内定辞退の連絡をせず、Ａ社に入社しました。Ｂ社人事担当の原田さんからメールをもらいましたが、返信をしませんでした。

＜Ａ社で＞　上司の山本さんと

山　本：ジャンさん、来週仕事の打ち合わせでＢ社に行きます。ジャンさんにも手伝ってもらいたい仕事なので、一緒に来てください。

ジャン：はい、わかりました。
(Ｂ社か……。まあ大きい会社だから、原田さんには会わないだろう。)

＜Ｂ社での打ち合わせ＞　Ｂ社部長の木村さんと

山　本：木村部長、今日はお時間をありがとうございます。こちらは先日入社したジャンです。

ジャン：ジャンです。どうぞ、よろしくお願いします。

木　村：ジャンさんですね。こちらこそ、どうぞよろしく。一緒にがんばりましょう。こちらも、新しい担当者が決まりました。後で来ますので、紹介しますね。

＜10分後＞

原　田：(ノック) 失礼します。遅れてすみません。

ジャン：あ、原田さん!!

木　村：ジャンさんは原田をご存知ですか。

ジャン：ええ、まあ……。
原　田：ジャンさん、A社に入社していたんですね。
ジャン：……（どうしよう…）。

ジャンさんは、丁寧に「内定辞退の連絡をしていればよかった」と思いましたが、もう遅いです。

アドバイス

どこで、どんな人に会うかはわかりません。内定辞退に限らず、相手の立場に立って考え、丁寧な対応を心がけましょう。

内定を辞退した会社②

ケース

コウさんはITエンジニアとして、A社とB社から内定をもらいました。A社に就職をすることを決めたコウさんは、B社には何も連絡をしませんでした。B社の人事部からメールや電話をもらっていましたが、返事もしませんでした。

コウさんがA社で働きはじめて、3か月が過ぎました。
課　長：みなさん、社長から大切な話がありますから、15時に6階の大会議室に集まってください。
コ　ウ：（大切な話って、何だろう……？）

……………………………………………………………………………

ケーススタディ

社　長：みなさん、集まってくれてありがとう。
みなさんも知っているとおり、IT業界は競争がとても激しいです。その競争に勝つため、当社はB社と合併します。

コ　ウ：（となりの先輩に）合併って？

先　輩：2つの会社が一緒になって1つの大きな会社になることだよ。

社　長：新しい会社の名前はA&Bです。今日はB社の人事部長の川井さんに来ていただきました。

川　井：みなさん、はじめまして。B社で人事部長をしている川井です。
これからは一緒にがんばっていきましょう。

コ　ウ：…………。

コウさんは川井部長の顔を見てびっくりしました。
B社の面接のときに会った人です。内定についてのメールももらっていました。

コウさんは「B社の内定辞退、もっと丁寧にしておけばよかった。川井部長は怒っているはずだ……。どうしよう……。」と後悔しました。

アドバイス

現在では、ライバル会社同士が協力したり、合併したりすることがよくあります。コウさんのような失敗をしないように、内定を辞退するときは、謙虚な姿勢で、丁寧に行いましょう。

日本語学習のページ

内定後に関する言葉

内定	内定辞退	内定通知書	貢献
謙虚	お世話	迷惑	印象
件名	営業時間		

問題　①～⑩の（　　　　）に入る言葉を上から選んで入れてください。

① メールの（　　　　　）は内容がわかるように、簡潔に書きましょう。

② 就職活動をがんばって、３社から（　　　　　）を得ることができた。

③ 一生けんめい努力して、少しでも御社に（　　　　　）できるようにがんばります。

④ 弊社の（　　　　　）は月曜から金曜までの9時から17時までです。

⑤（　　　　　）の連絡は丁寧に行いましょう。それが礼儀です。

⑥ 他のメンバーに（　　　　　）をかけないよう、締め切りは守ってください。

⑦ 今日から（　　　　　）になります、シュウと申します。よろしくお願いします。

⑧ ミスをしたときは、（　　　　　）な姿勢で素直に謝りましょう。

⑨ 見ための（　　　　　）はとても大切なので、服装には気をつけましょう。

⑩ 内定の連絡があった。（　　　　　）が送られてくるのが楽しみだ。

留学生のQ＆A⑤

講師：工藤 尚美 先生

Q 面接に成功するコツはありますか。

A 企業の人から聞かれたことに答えることです。そのためには、質問をよく聞くことが大切です。企業の人が何を知りたがっているのかを考えて、過不足なく答えるようにしましょう。答えるときに注意することは、ほかの企業の悪口を言わないことです。悪口を聞いた面接官は、「うちの会社の悪口も他社で言っているんだろうなあ…」と思うでしょう。

また、企業についてよく調べてから面接を受けましょう。企業理念や歴史、社長のメッセージなどは、面接の前に必ず見ておきましょう。

Q 入社後、会社を辞めたくなったら、どうすればいいですか。

A まず、会社を選ぶときに、待遇条件や会社の場所だけで決めないようにしましょう。企業や業務内容についてよく理解しておくことが大切です。もし、辞めたくなってしまったら、1人で悩まないで、信頼できる人に相談しましょう。仕事をしている先輩や人材紹介会社のキャリアカウンセラーからアドバイスをもらうのもいいでしょう。

後悔しないように、よく考えて決断をしましょう。

模範解答

31 ページ　日本語学習のページ

解答

①インターン　②マナー　③自己分析
④選考／内定　⑤筆記試験／面接　⑥中途採用

51 ページ　日本語学習のページ

解答

①募集して／応募資格　②在留資格　③応募する　④履歴書
⑤登録した／求人情報　⑥福利厚生　⑦入力する

58 ページ　問題

解答

①サービス、旅行　②3名
③現地でしか体験できないことをする。心に残る感動を提供する

63 ページ　日本語学習のページ

解答

①資本金／従業員数／代表取締役　②企業理念
③合併　④純利益

76-77 ページ　日本語学習のページ

問題1）

解答

①そちらにうかがいます／まいります。　②お送りしました。
③いただいてもよろしいでしょうか。　④拝見しました。
⑤おります。　⑥お目にかかりました。
⑦存じません。　⑧召し上がりましたか。

問題2）

解答

①申します　②拝見してもよろしいでしょうか
③うかがってもよろしいでしょうか　④いただきます
⑤まいりました

問題3）

解答

①で働いております／に勤めております
②拝見しました
③にまいります

91ページ　日本語学習のページ

解答

①面接をお願いしている、〇〇と申します。

②すみませんが、電車の事故で遅れてしまいそうです。

③10分ぐらい遅れそうです。(地下鉄に乗り換えていくので、15時10分には着くと思います。)

④ありがとうございます。それでは、よろしくお願いします。

⑤失礼します。

107-108ページ　日本語学習のページ

問題1)

解答

件名：(　貴社求人への応募　)

株式会社HHH

総務部人事課　(　御中　)

(　初めてメールをいたします　)。

私はABC日本語学校に在籍しているサラ・ロッシと申します。

応募書類を　(　添付　)でお送りしますので、ご確認いただけますでしょうか。

ABC日本語学校　サラ・ロッシ

問題2)

解答

件名：(　Re：弊社説明会の件　)

(　株式会社HHH　)

総務部人事課　石田　(　様　)

ABC日本語学校のシュウ・ライ(　です　)。

(　貴社　)の会社説明会についてご返信いただきありがとうございます。

それでは、(　7月20日の14時からの説明会に参加いたします　)。

また、説明会のあとの個別相談会についても

(　教えていただき　)、ありがとうございます。

(　どうぞよろしくお願いします。　)

シュウ・ライ

141ページ　日本語学習のページ

解答

①d　②a　③e　④c　⑤b

185ページ　日本語学習のページ

解答

①件名　②内定　③貢献　④営業時間　⑤内定辞退　⑥迷惑

⑦お世話　⑧謙虚　⑨印象　⑩内定通知書

索引

英数字

あ

か

● 執筆協力　遠藤 由美子、武藤　勝彦
古川 由美子、田邊 麻里江

● 編集　畑中 二四、株式会社エディポック
● 本文デザイン　三浦 進治
● DTP 制作　株式会社エディポック、三浦 進治
● イラスト　増田 慎
● 表紙デザイン　谷 由紀恵

● 編集長　玉巻 秀雄

■商品に関する問い合わせ先

このたびは弊社商品をご購入いただきありがとうございます。本書の内容などに関するお問い合わせは、下記のURLまたは二次元バーコードにある問い合わせフォームからお送りください。

https://book.impress.co.jp/info/

上記フォームがご利用いただけない場合のメールでの問い合わせ先
info@impress.co.jp

※お問い合わせの際は、書名、ISBN、お名前、お電話番号、メールアドレス に加えて、「該当するページ」と「具体的なご質問内容」「お使いの動作環境」を必ずご明記ください。なお、本書の範囲を超えるご質問にはお答えできないのでご了承ください。

●電話やFAX でのご質問には対応しておりません。また、封書でのお問い合わせは回答までに日数をいただく場合があります。あらかじめご了承ください。
●インプレスブックスの本書情報ページ https://book.impress.co.jp/books/1123101148 では、本書のサポート情報や正誤表・訂正情報などを提供しています。あわせてご確認ください。
●本書の奥付に記載されている初版発行日から3 年が経過した場合、もしくは本書で紹介している製品やサービスについて提供会社によるサポートが終了した場合はご質問にお答えできない場合があります。

■落丁・乱丁本などの問い合わせ先

FAX　03-6837-5023
電子メール　service@impress.co.jp
※古書店で購入された商品はお取り替えできません

外国人留学生のための就職活動テキスト　第2版

2024年　5月21日　初版発行

著　者　アークアカデミー

発行人　高橋 隆志

編集人　藤井 貴志

発行所　株式会社インプレス
〒101-0051 東京都千代田区神田神保町一丁目105番地
ホームページ　https://book.impress.co.jp/

印刷所　日経印刷株式会社

ISBN978-4-295-01901-5 C0036

Printed in Japan